Pooh
and the Philosophers
by
John Tyerman Williams

クマのプーさんの
哲学

ジョン・T・ウィリアムズ
小田島雄志・小田島則子 訳

河出書房新社

クマのプーさんの哲学●目次

クマのプーさんの哲学

謝辞

本書を読むために時間を割き、頭をひねって批評して下さった方々に心より感謝する。オックスフォード大学の講師、マイケル・ロックウッド氏はご専門の哲学の知識を生かして数々の誤りから私を救ってくれた。長年に渡って私の哲学への関心を鼓舞し続けてくれたサラ・ラムリー・スミス女史からは数々の貴重な助言を頂いた。マイケル・アボット氏は重大な誤りを訂正してくれた。もちろん、それでも誤りはいくつも残っているが、その責任は全て私一人にある。また、「偉大なるクマ」への私の関心を支えてくれた献身的クマ学研究の本家、アキタ・グリノール氏にも、この場を借りてお礼を述べたいと思う。最後に、私を励ましてくれた出版人のジェフリー・ストローン氏、そして、細部にまで細心の注意を払って下さった編集者のジョージ・アレン女史に、感謝の意を表したい。お二人の貴重な助言のおかげで、本書は一層素敵なものになった。

1

この本はどんな本か

A・N・ホワイトヘッドによると、ヨーロッパの哲学の伝統は「プラトンにつけられた解説」にあるという。これはまちがってはいない。しかし、いまぼくたちがしなければならないのは、「プラトン」を消してそこに「プー」を置き、「解説」を「序文」に書きかえることだ。そうすれば、当然わいてくる疑問も解決できて、すべての西洋哲学は——もちろんプラトンも含めて——プーへ通じる長い準備段階であったと考えるのが一番いいとわかるはずだ。プー以降の哲学は、「そういうクマ」につけられた解説から成り立つことになる。

フレデリック・C・クルーズの『ちんぷんかんプー』（*The Pooh Perplex* 邦訳なし、一九七九年）や、ベンジャミン・ホフの『タオのプーさん』（一九八二年）と『タオとコブタ』（一九九二年）が出版されてからは、『クマのプーさん』がただの子供の本ではないことを知らない人はいなくなった。でも、もちろん、この本に書かれた真実は、何も知らない子供たちにはわかっても、何でも知っている大人たちにはわからないというものではあるけれど。

この偉大で先駆的なクルーズの本のおかげで、『クマのプーさん』は奥が深く、限りなく広がる意味を持つ本だということになった。そのお返しに『クマのプーさん』は、現代の学問、批評、理論が与えてくれる様々な――そして実に矛盾することの多い――手法を使って解読すべき本なのだ、ということを教えてくれた。

こうしたいろいろな手法をもってしても、プーは所詮「イギリスグマ」という自民族中心主義なんだという非難をふり払うことはできなかった。その非難からプーを救い出してくれたのは、「頭の悪いクマ」は東洋の道教思想をみごとに表現していると言った、ベンジャミン・ホフだった。

ぼくの知るかぎり、多面的なこの本にアフリカやインドの文化、また、オーストラリア原住民やアメリカインディアンの文化も描かれていると言った学者はまだいない。しかし、時がたてば、そして、トラーやカンガやルーの役割が正当に評価されるようになれば、それらの文化の存在もあきらかとなるだろう。この本は、人種主義に反対を唱えてもいるんだ。

しかし、いまここでぼくたちのすべきことは、西洋哲学の流れの中で『クマのプーさん』と『プー横町にたった家』の豊かな中身を探ることだ。これはきっとやりがいのある探求になるはずだ。本題にとりかかる前に、下準備として二、三言っておこう。

まず第一に、プーは「頭の悪いクマ」、いや、正確に言えば頭の悪さを強調するように大文字で「**頭の悪いクマ**」と呼ばれているじゃないか、という反論が予想される。プーは偉大な哲学者であるというぼくたちの主張にとって、これは一見ゆゆしき反論だ。この反論を、心の小さな人のねたみだとか無理解にすぎないとして退けることはできない、たいていの場合まさにその通りなのだが。いくつかの場面でプーみずからが自分の頭の悪いのを認めているのだからしかたない。

しかし、さいわいなことに、「頭が悪い」と自分で言ってしまった説明は簡単につく。自分のことを「頭の悪いクマ」と呼ぶときのプーは、己を無知の探求者と言い続けたあのソクラテスの伝統を引き継いでいるだけのことだ。ソクラテスの無知の告白と同じで、プーの愚の告白もまちがいなく仮面である。しかもその仮面はすべり落ちることもある。「心配性のプーの歌」で、プーは真実を歌っている。

　プーは「ものすごく頭のいいクマ」なんだ
　　(もう一度言ってみよう)
　ものすごく頭のいい……

どのように頭がいいのか、その全容解明は今後の研究にまかせるとして、この本では頭のいいクマであるというプーの主張の正しいことを証明していこうと思う。

次に言っておきたいことは、プー本人が西洋哲学の最も偉大なる代表者であることは確かだが、プー物語の中での哲学の代表者はプーだけではない、ということだ。イーヨーにはあきらかにストア学派の伝統があらわれているし、——こう言うとみんな驚くとは思うが——イーヨーはニーチェの『ツァラトゥストラはかく語りき』の全貌を解くカギにもなっている。コブタは道徳哲学への示唆に富んでいる。フクロはほかのキャラクターにも見られるように、日常生活からかけはなれることを誇る学術的哲学というものへの生きた風刺となっている。朝食をさがし求めるトラーには、高度に洗練された功利主義を唱えたジョン・スチュアート・ミルの思想に見る二次的動機の重要性があらわれている。

最後にもう一つ、こんなに短い二冊の本の中に、西洋哲学全部が収まるものかと思う人もいるだろう。そういう人たちからは、何ふざけたことを言っているのだ、と言われそうだが、これは本当だし、証明することもできる。作者A・A・ミルンはなぜ、あの短い本の中に、あんなに多くのことを凝縮することができたのか、それは同じ一つの出来事を使っていくつもの哲学を描き出したからだ。これは、ぼくたちの「クマ学」研究を進めていく過程でくりかえし見られるだろう。

最新のものをのぞいて、西洋哲学はすべてプーへの広大なる準備段階であったと見るのが一番いいのだ、と言える理由を、以下各章ごとにくわしく説明していくことにしよう。

2

プーと古代ギリシア

プラトン、アリストテレスなど

ギリシアの宇宙論者たち

プーを読んだ人ならだれでも、風船の一件（第一章）とイーヨーにプレゼントした「便利なつぼ」（第六章）のことはよく知っている。初期のギリシア宇宙論を勉強すればだれでも、アナクシマンドロスの説は地球筒形説で、ピタゴラスの説は後のアリストテレスと同じ、地球球体説だということを学ぶ。このよく知られたプーさんのエピソードとギリシア宇宙論との間に密接な関係があるのはあきらかだが、それを今日まで無視してきたとは哲学者たちもなさけない。私利私欲をすてて真実を追求するのはもちろん楽しいが、それは別として、学者にとって学者仲間の怠惰、無知、愚かさを暴露することほど楽しいことはない。そこで、ぼくたちは、いまからこの楽しいことを二つともやっていこうと思う。

「風船の一件」の話

まず、あの風船の事件を思い出してほしい。あれはそもそもプーがクリストファー・ロビンに、風船もってない？　と聞き、クリストファー・ロビンが、どうして風船なんかほしいのさ？　と聞きかえすところから始まる。

プーはあたりをみまわして、だれもきいてないことをたしかめると、片手を口にあてて、ひそひそごえでこういいました。「はちみつ！」

プーのこの秘密めいたようすからピンとくることは、はちみつには単に食べもの以上の意味があるなということだ。少しでもプーを知っている人なら、プーがこの甘い物質に対していかにもクマらしい情熱を持っていることは知っているはずだ。それならなぜ、プーはわざわざ声をひそめたのか？

短絡的に考えると、プーはこの特別なはちみつを独占したがっていただけ、というだれの目にもわかる結論になってしまう。なんてこと！　そうやってうわべだけを読んでいるからいつまでもミルンの作品の偉大さがわからず、プラトンの隣にすえてしかるべきミルンの正当な地位を否定してきてしまったんだ。プーの代弁者となったミルンの立場は、ソクラテスの代弁者であったプラトンの立場と同じなのに。

少し考えてみれば、この状況で出てきたはちみつを日常的な意味でとらえるのはおかしいとわかるはずだ。簡単には手の届かないところにあるはちみつを守るのに、どうしてプーはあんなに用心しなければならなかったのか？　実のところ、風船の助けをかりてもプーには取れなかったのに。

では、はちみつにかくされた深い意味は何なんだ？　プーが本当にさがし求めていたものは何なんだ？

そのこたえの一部をマタイ伝に見つけたからといってびっくりすることはない。この福音書には、洗礼者ヨハネの糧《かて》は「イナゴとはちみつ」だと書いてある。『ガリヴァー旅行記』の作者でもある司祭スウィフトは、はちみつを「最も高貴なる二つのもの、すなわち、甘美と光明」に結びつけている。また、賛美歌では、神聖なエルサレムを「ミルクとはちみつの恵みを受けた」ところとうたっている。

ここに引用したのはほんの数例だが、ヨハネの例で見たようにはちみつを精神的探求の象徴としたり、そのほかの例に見たように探求に成功した人へのごほうびの象徴とするという伝統は、古代からえんえん受けつがれていることだ。「甘美と光明」のことはスウィフトよりも一九世紀の批評家マシュー・アーノルドの言葉として知っていたという人でも、それをクマのプーにあてはめて考えるのは簡単だろう。というのは、プーは行く先々で「甘美と光明」という温和な（アーノルド的な）教養を発揮しているのだから。

しかし、ぼくたちの目的はプーの精神性や神聖度をはかることではない。プーを聖徒の列に加えるかどうか、その検討にはかなりの慎重さが要求されるし、まだ時期尚早だろう。いまのところは、ホフがあきらかにしてくれたように、クマのプーは内なる声を聞くことで悟りの境地に到達したと言うだけで十分だ。ただ、この先プーとの類似点がなんども指摘されることになるソクラテスが、神秘主義者だと言われていることは忘れないでおこう。

ぼくたちがいま問題としているのは哲学者プーなんだ。だから、この物語に出てくるはちみつの第一の意味は哲学的真実であると自信をもって言える。

いままでのところぼくたちは、はちみつの象徴性に的をしぼって見てきたが、もちろん、風船も大切だ。さっき、風船は地球を象徴しているとほのめかした。そこにある豊かな意味を知るために、いまからこの象徴をくわしくしらべてみよう。

風船の形だけを見ても、その基本的な象徴の意味はあきらかだが、この寓意的なエピソードが許すかぎりの想像力を働かせば、空中に浮かぶ風船という構図からは、宇宙に浮かぶ地球の姿が見えてくる。だが、そこに疑問がないわけではない。そればかりか、心のせまい人からはそんなばかなと不満の声があがるかもしれない。

そういう反対派もいることだろうが、議論を白熱させるためにも、ここには隠された意味があるのだといううこの少々とっぴな説を受け入れることにすれば、このエピソードからわかることは、プーが真実の探求に思いっきり失敗したということになる。プーははちみつを手に入れそこねた。それだけじゃない。プーを救出しようとしたクリストファー・ロビンに風船ごとうち落とされてしまった。

　こういう質問も出るかもしれない。地球の形と哲学的真実との間にどんな関係があるのか？　哲学と宇宙理論とを混同しているのではないか？　と。

　まず、二つめの質問に答えることにするが、その前に、哲学と科学が区別されるようになったのはわりと最近なのだと言っておこう。かなり現代に近づいてからでも、いま「科学」と呼ばれているものは「自然哲学」と言われていた。ごく初期のギリシア哲学者たちは宇宙論者だったのだ。つまり、かれらは宇宙の自然を探求していたということだ。宇宙はどのようにして生まれたのか？　宇宙は何からできているのか？　星や惑星は何なのか？　星や惑星までの距離はどれくらいなのか？　そして、地球はどんな形をしているのか？

　プーはほんとうに宇宙的な意味において哲学者だということをつねに念頭に置いておかなければならないが、そうしておけば、プー本人が宇宙論とかかわり合っているのはあたりまえのことだとわかる。もしプーが西洋哲学のすべてを包みこんでいないというなら、プーはいまあるようなユニークな存在ではなくなってしまう。

　頭のいい読者ならもうお気づきだろうけれど、ここでプーは、地球は丸くて火のまわりをまわっているというピタゴラスの説（紀元前五五〇年から五〇〇年ころ）をぼくたちに思い出させてくれている。その二〇〇年後にアリストテレスが地球は丸いとくりかえした。ただし、アリストテレスの考えた地球は宇宙のまんなかで静止しているものだった。コペルニクスやガリレオが一七世紀に登場してあらたに太陽中心の宇宙体系を唱えるまで、ヨーロッパの教養人の多くが信じていたのが、このアリストテレスの宇宙だった。

次に、ひとつめの質問（地球の形と哲学的真実の関係）にもどるが、実はこちらの方がむずかしい。あのプーと風船とはちみつの物語はプーの探求の失敗談のように思われる。では、どこから論を進めていこうか？

鋭い読者なら、ぼくたちには物語にひそむ意味を見つけだす能力があることを信じてくれるだろう。その通りだ。意味なら、いくつでも見つけられる、しかし、そのいくつもの意味をかみ合わせることはそう簡単にはできない。そこで、わかりやすいのを二、三紹介して、そこから生じる問題を論じていこうと思う。こたえを出すのはそれからということにしよう。

1　まず第一に、ここでプーがぼくたちに教えてくれているのは、哲学の仕事には時間も根気もいる、ということだ。もし、哲学的探求をしようとするなら、たった一度の試みでめざすゴールに到達できるなどと考えてはいけない。現代の偉大な哲学者、サー・カール・ポパーがその自伝に『果てしなき探求』と名付けたことは意義深い。ぼくたちはいつでも期待はずれにおわることへの心構えをしておかなければいけない。だから当然、とくに最初の段階では、期待がはずれて落ち込んでしまうこともあるだろう。ちょうど、ぼくたちの代表者が文字通り、地面に落っこちてしまったように。

真実をさがしあてるのは、北極をさがしあてるのに負けないくらいの勇気が必要となる。ぼくたちのヒーローは落ちた地面から立ち上がって、探求を続行し、ついに北極をさがしあてる(第八章)。ほかのエピソードからもわかることだが、ここでのプーはぼくたちの知性的お手本であるだけじゃなくて、道徳的お手本でもある。

2　二つめの意味はひとつめのに似てはいるが、もっと厳密で具体的だ。さっきのは哲学者の苦労にかんする一般的な教えだったが、これは科学、つまり、自然哲学にかんするものだ。

まず、風船で空中へ上がったプーがなぜ下へおりたいと思ったのか、その理由を説明しているプー本人のことばを考えてみよう。

「ハ、ハチのし、しゅるい、い、をまちが、え、た、んだ……だから、はちみつもまちがいってことさ」

クマのプーははちみつ（真実）と風船（地球は球体であるという仮説）を両方とも持ち帰ろうとした。つまり、地球は丸いという仮説が真実であることを示そうとしたんだ。それがなぜ途中で撤退してしまったのか？　そのわけはプー自身がはっきりと言ってくれている。プーは取ろうとしたはちみつを作っている「ハ、、、、、チがまちがい」だったと発見した。そこから、「はちみつもまちがい」だと結論を下した。

プーの仮説にはもともと、どこかまちがったところがあったんだ。地球は丸いということではむろんない。それが正しいことはぼくたちにもわかる。では、何だ？　ハチにかんする何かだ。

どうしてプーはハチがまちがいだと結論を下したんだろう？　プーが結論をくだしたのは次のできごとの直後だ。

ハチは雲のはな（プーのはなのこと）にちょっとこしかけました。それから、また飛んでいきました。

「クリストファー……いたっ！……ロビン」

と雲（プー）はさけびました。

この状況で考えられる「いたっ!」の唯一の説明は、ハチがプーのはなを刺したということだ。いまここで、そのすじの権威――ここではハチに刺された経験のある人――にハチに刺されたときの感じは?　と聞いてみれば、「燃えるようにあつかった」というこたえが返ってくるだろう。

そう、「燃えるようにあつい」。普通、燃えると言えば、その原因は何だ?　火だ。そうなると当然、またピタゴラスが、そしてかれの宇宙の図にあった重大なまちがいが頭にすうっと浮かんでくる。

地球は火のまわりをまわっているのだと信じられていたが、当時考えられていたその火は太陽ではなかった。ピタゴラスの考えでは、いや、おそらくその後継者たちの考えでも、太陽も地球やその他の星たちと同じように、中心となるこの火――ゼウスの祭壇と呼ばれていた――の周りをまわっていた。ところが、実際にこの火を見た人はひとりもいない。なぜなら、地球上の人の住んでいるところは、いつもその火の反対側になっているから、と説明されていた。

そこで、プーがハチに刺されて燃えるような痛みを経験したというのは、いままで抱いていた仮説を捨てるという哲学的な痛みを象徴していたことになる。ここでぼくたちが注目すべきなのは、この苦痛にみちた義務を果たすときにプーが見せた、あの決然たる勇気だ。

このときのプーの苦悩がどれほどのものだったかは、その先を読めばわかる。「プーはずっと風船のひもにしがみついていたものだから、腕がそのままかたまってしまって、それから一週間以上も、プーの腕は、空にむかってばんざいしたままになってしまいました」。いったん信じてしまうと、証拠や理性で否定できても、習慣や感情はしがみついてはなれないという姿を描くのに、これ以上みごとな方法はあるまい！

しかし、ここでひとつ疑問が出てきてもおかしくない。ピタゴラスの火だけじゃなくて、地球は丸いという仮説まで捨ててしまうなんて、プーはやりすぎではないか？　やりすぎではないというなら、クリストファー・ロビンが風船までうち落とした理由は何かほかにあるのか？

ここでぼくたちはたいへんな問題に出くわすことになるが、それは、今後の研究の中でもたびたびぶつかる問題だ。つまり、「ものすごくいい頭」にどれくらい探りを入れていいものなのか？　という問題だ。そして、――さらにデリケートな問題だが――その頭脳の持ち主以外の人間が、その心をのぞいていいのか？　この場合で言うと、風船がしぼむように希望がおしつぶされたときのプーの感情をああだこうだと詮索するのは、ずうずうしくて押しつけがましいことなのではないだろうか？　ということだ。

プーの気持ちを思いやって詮索を遠慮するのはあっぱれな思いやりだ。が、遠慮すること自体がまちがっている。それがプーへの敬意のしるしだとはお世辞にも言えない。というのは、そんなことをしたら、プーもまた、プーに代表される哲学者たちと同じように、知識の限界に苦しんでいると言っているようなものだからだ。まじめなクマ学研究者（ここに登場する「偉大なるクマ」の研究をする人のこと）の中に、われらの宇宙哲学者が一瞬でもピタゴラスのまちがいにまどわされたと思う人がいるだろうか？

もちろん、いるはずがない。プーはまちがいや苦悩を経験しているのではなく、よくわかっていないぼくたち読者のためにそういうまちがいや苦悩を見せてくれていたんだ。だから、しぼんだ風船が地球球体説を（一時的に）捨てることを象徴したとしても、プーは本当にその説を捨てたわけじゃなくて、ただぼくたちに、仮説の一部がまちがっているからといって全部を捨てていいことにはならないと警告してくれているだけなんだ。

3　読者のみなさんは、どうしてクリストファー・ロビンのことは何も言わないんだと疑問に思っているのではないだろうか。クリストファー・ロビンの役割はこの第三の意味で重要になってくる。そして、ここでその意味を説明すれば、クリストファー・ロビンの役割には、この物語全体を通して、いままでにないびっくりするような光が当てられることになる。

キー・ポイントは、この風船とはちみつの事件の直後にクリストファー・ロビンが語り手に言ったことばを十分に解きあかすことだ。

「プーは（ゾゾをつかまえることが）できなかったんだ、だって、プーは頭がわるいから」

この言葉から早くもわかることは、クリストファー・ロビンはせっかく偉大なる頭脳の持ち主と懇意にする特権にあずかっているのに、その価値を正しくとらえることができずにいることが早くも露見する。ここで気づかされるのだが、クリストファー・ロビンの役割は、普通の平凡な頭を、しかも、限られた世界での限られた知識に満足している頭を、代表することなんだ。

クリストファー・ロビンをあまり責めてはいけない。かれにはかれの価値がある。クリストファー・ロビンは、多少おんきせがましいところもあるが、親切で友だちがいがある。ただ、かれは、プーほどの知的水準に達していないというだけだ。物語の最後でクリストファー・ロビンは教育の森へと姿を消すが、教育といっても因習的な上層中流階級の教育で、知性を広めたり深めたり、というより、その限界を確認するためのものだ。

だから、クリストファー・ロビンが自分の目の前でおこなわれていることの意味をまったく理解できないとしても、驚いてはいけない。たとえば、プーが体じゅう泥だらけにして、風船という青空の下に浮かぶ黒雲に変装してハチをだまそうという冗談を思いついたときも、クリストファー・ロビンはその冗談についていけない。

どう考えてもプーはクリストファー・ロビンにあわせて子供でもわかる冗談を言ったとしか

思えないのに、それが通じなかったのだから、プーもさぞ驚いたことだろう。プーは地面にいるこの想像力に欠けた友だちに試しに聞いてみた。

「ねえ、ぼく、どう見える？」
「風船につかまっているクマみたいに見える」
「そうじゃなくて……」プーはしんぱいそうにききました。「青空にうかぶちいさなくろ雲みたいに見えない？」
「あんまりね」

たしかにプーは二度目の質問を「しんぱいそうに」している。クリストファー・ロビンがもう一度考えなおして、善意にみちたつまらない写実主義にとらわれたこたえをやめてくれたらなあというプーの期待がだんだんうすれていくのが目に見えるようだ。

ぼくたちがいま研究しはじめたばかりのこの事件には、まだまだたくさんの解説をつけることができる。あとの章でご紹介するものもあるが、多くは読者のみなさんが自分で考えるお楽しみということにしておこう。いまここで言っておきたいことは次のことだけだ。

1　これまでのところではっきりしたことは、プーの教え方は何人もの哲学者を実際に演じたり、その人の考えを実践するというやりかただ。これは、「千聞は一見にしかず」という禅《ぜん》の教えにもとづいたおこないである。

2　このさきもまたプーがこれと同じ手法をもちいることは十分予想される。そこでどんな論理が提示されたとしても、その価値をその場ですぐに決めつけないように心がけなければいけない。

3　また、ぼくたちの師には特別な考えがあって、そのうちぼくたちにもそれを解説してくれるんだということを忘れてはいけない。

4　したがって、解説してもらうまでは、矛盾することもあるいくつもの考えを見るだけということになる。

5　矛盾する考えを解説することと、意味にはいろいろなレベルがあると認識することは別問題とすべきだ。

以上の五項目は必要に応じてまたお話しするが、読者のみなさんには常に心にとめておいていただきたい。

このアドバイスは、『クマのプーさん』第六章にあるプーからイーヨーへの誕生日プレゼントを考えるときに特に役に立つ。

「便利なつぼ」の話

この章はいつも陰気なイーヨーがいっそう陰気になっているところから始まる。プーがどうしたんだと聞いたときのイーヨーの最初のこたえはあいまいでよくわからない。プーはすかさず、あのソクラテスの無知の仮面を持ち出してこれに応じる。ソクラテスと同じように、プーの質問のねらいは、プー自身が知ることではなくて、相手のイーヨーに自分の考えをはっきりさせることだった。

プーの質問のおかげで次の事実があかるみに出た。今日がイーヨーの誕生日であること。イーヨーはプレゼントもバースデーケーキももらっていないこと。「わしのことなんか、どうでもいいんじゃ」

親切なクマはただちにイーヨーをなぐさめようと行動を起こした。いそいで家に帰ると、プレゼントになるものをさがした。コブタに会って、コブタにもいそいでプレゼントを持って来るように言う。プーは最初、イーヨーに「はちみつのはいった小さなつぼ」をあげようと考える。コブタには、風船をプレゼントしたらどうかと言う。

ここで再びはちみつと風船の関係が新たな形で持ち出されているが、信じられないことに、みんなそれに気がつかない、だから当然わかるはずの結論もひきだせないでいる。こんなことには気がつかない方が普通だと書かなければならないとしたら、学問もあてにならない。

深く読みとる力はなくても熱心な読者なら、この二つのプレゼントがどちらも原形のままではイーヨーのてもとにとどかなかったことを覚えているだろう。コブタはころんで風船をわってしまう。プーは途中ではちみつをぜんぶ食べてしまう。

これだけを読むと、ちゃんとプーを信じていない人たちは、現実的世界にいるクリストファー・ロビンの味方について、プーをせいぜい気のいいまぬけと判断してしまうかもしれない。そうなるとプーは利己的でどん欲だと非難されるかもしれないし、イーヨーに「便利なつぼだよ」と言って、からのつぼをあげるなんて、偽善的とは言わないまでも善意に欠けると言われるかもしれない。それは、イーヨーがいままでにないくらいの悲しみにしずんでしまうと考えるからだ。

しかし、実際、イーヨーはどうだったか？　イーヨーは風船のざんがいを便利なつぼに入れたり出したりできるとわかって喜んだ。コブタはこう言う。「イーヨーはなにも聞いちゃいないよ。だって、風船を出したり入れたりしてたからね、こんなにうれしいことはないって顔して……」

はちみつと風船の象徴から勉強したことを参考にして考えると、このできごとからはどういう意味が見つけられるだろうか？　まずは疑いようのない事実をみてみよう。

1　イーヨーはよろこんだ。

2　イーヨーは「こんなにうれしいことはないって顔して」いた。

3　このよろこびはプレゼントをもらった結果である。

イーヨーが「こんなにうれしいことはないって顔して」いたという言いかたには落とし穴がある。究極の喜びのはずなのに、それをあまりにも日常的なことばで表現しているから、ここに含まれている厳密な意味を見落としてしまうんだ。

哲学的な本を読むときには、ことばには厳密な意味があるのだと覚悟してかからなければいけない。しかも、ミルンの場合、絶対にその厳密さをおろそかにすることはない。だから、このことばにも、イーヨーのもって生まれた性質、本性がうれしいと感じるかぎりのうれしさを感じている、という意味が含まれることになる。言ってみれば、みんなが同じようにうれしさを感じるわけじゃないってことだ。人それぞれうれしいと思うことはちがう。イーヨーがもらったプレゼントはほかの人にはまったく合わないものかもしれないけれど、イーヨーにはぴったりのものだった、ということだ。

実際のところ、イーヨーははちみつなんかもらってもあまりうれしくなかっただろう。『プー横町にたった家』第二章を読めばわかるように、イーヨーがいちばん好きな食べものはアザミだ。しかも、自分で言っているように、イーヨーは誕生日のために、とくべつおいしいアザミが咲く場所をとってある。

この誕生日プレゼントの話にはもっと深い意味があるはずだが、それもすぐにわかる。つまり、イーヨーには哲学的、あるいは科学的な真実をうけいれる能力がないということだ。だから、それをイーヨーにおしつけるのは失礼というものだ。プーは最初、イーヨーにはちみつという真実をプレゼントしようと思ったが、すこし考えてみて、それがイーヨーにはふさわしくないと判断し、それ相応のことをしたのだ。

そこでだ、「便利なつぼ」からぼくたちがうけとるメッセージは何だ？　ここで欠かせないのは、やはり、E・H・シェパードのあのすばらしいさし絵だ。シェパードがここで描いているのは、直径よりも高さのほうが長い円筒形にちかい形をしたつぼだ。このつぼから読みとれる宇宙論はなんだろう？

すぐに思いつくのは、紀元前六世紀初頭に地球はみじかい筒型で「円柱の一部のようだ」と唱えたミレトスのアナクシマンドロスのことだ。この事実とそこからわかることを考えると、プーの教師としての技量の大きさには頭がさがる。

プーはイーヨーのようなおそまつな頭脳のもちぬしに太陽中心の宇宙体系をいきなり教えこむのはむりだと判断した。イーヨーには順をおってひとつずつ教えるしかない。だから、実際問題として、イーヨーには宇宙論の歴史を要約して――それも簡単なかたちにして――説明してやらなければならない。そのイーヨーにまず最初に教えるのに、アナクシマンドロスの初期の宇宙論をおいてほかにはないだろう。つぼというのはイーヨーが実際に見てさわれる固体だ。つぼを肉体でとらえたら、次にはその理論を頭でとらえられるようになる。すると、その次にはそれが真実にむかう頭脳の旅の発射台となる。

風船がしぼんでいるということは、いまのイーヨーの知的発達のぐあいでは、球体としての地球を理解するのはむずか

しいということだ。そして、イーヨーはうれしそうにこのしぼんだ風船を便利なつぼに入れたり出したりしていた。ということは、プーのプレゼント選びが絶妙であったことを証明している。この二つの世界観をもてあそぶことによって、イーヨーは自分だけの時間に入りこむことを学ぶ。そうなってやっと、イーヨーはまちがった宇宙の図からただしい宇宙の図へとうつって行く準備がととのったことになる。

イーヨーにもいつかきっと、とり出した風船を二度とつぼの中へもどさなくなる日がやってくるだろう。そして、真実に到達したしるしに、実際にはやらなくても頭の中で、その風船をふくらませることだろう。イーヨーにはこうするしか真実にたどりつける道がない。さあ、これでぼくたちにも「便利なつぼ」がほんとうに便利なんだとわかったわけだ。

プーとプラトン

プーがソクラテスの無知の仮面の手法を使っているという話はさっきした。では、プーはその無知の仮面によってプラトンの何を教えているのか？　まず、次にあげる一節を見てもらおう。この偉大なるギリシア人とは一見なんの関係もないように見えるが、すぐに関連性があることをお目にかけよう。

ある朝、クリストファー・ロビンをたずねて行くみちみち、クマのプーは新しい歌をつくった。一行目は簡単にできた。

うたえやホー！　くまのために！

それからすこしつまったが、イメージはまたすぐにわいて、複雑な九行の詩はすぐにできあがった。その最後の一行はこうだった。

一じかんか二じかんしたら、ちょっとだいじなことをするんだ！

「プーはできあがった歌に大まんぞくで、もりのいちばんおくまで、ずっとうたいながらあるいて行きました」

ところが、とつぜんプーはひらめいた――これこそ、プラトンとの欠くことのできない結びつきとなるのだが――もしかしたら、「ちょっとだいじなこと」は一じかんもしないうちにやることになるかもしれない、ということは、この最後の一行は真実ではない、と。

いま、プラトンにかんして一番よく知られていることのひとつは、プラトンの理想国家から詩人が排除されていたということだ。その一番の理由は、詩人がうそを言うからだ（『国家』第二、三巻）。そこで、プーは何をしただろうか？　プーは最後の一行が真実ではないと悟ると、すぐにその行をただのハミングにかえてしまった。

さて、プラトンは『国家』第一〇巻で、「詩も、抒情詩なりそのほかの韻律なりを用いて自己の弁明ができるというのなら、国家にもどしてやろう」と言っている。まさにプーがしたことじゃないか。プーは正しくないとわかったとたんに、そのだめな一行を削除した。いかにもプラトンに否定されそうなものを削除してしまうとは、消極的な弁明だ。しかし、プーは削除したところにハミングを置いた。つまり、このプーの詩は「抒情詩なりそのほかの韻律なり」でちゃんと弁明できるんだというヒントをくれたことになる。プーはほかの場面でも、このヒントを十分に解きあかしてくれている。

こんな短い一節を見ただけでも、プーがプラトンの批評を部分的には正しいと認めるけれども、あくまでも部分的にだと言っていることがわかる。プーはじぶんの領域でプラトンにこたえた。プラトンがそれなら認めてもいいと言った弁明の方法がほんとうにあることを証明したんだ。ところが、プラトン自身はそんな弁明が実際にできるとは信じていなかった。だから、プーの出したこたえは、プーがプラトンの教えを何もかも理解し、評価し、さらにはそれを超えた証明になる。つまり、プーにはプラトンのすべてがあるが、プラトンにはプーの一部しかない、ということだ。

プーの作者ミルンがこの歌の一件を物語の中にてきとうに書き入れたと考えるのはあまりにもうかつだ。作者はこのエピソードを「北極とんけん（expotition）」という題名の章の一番最初に書いている。なぜなら、この章にはプラトンの思想が一番豊かに描かれているからだ。

だから、その次に大切なプラトンとの関連も、この章の、しかもこの歌のエピソードのすぐあとに出てくる。プーはクリストファー・ロビンが「北極たんけん（expedition）」、または、とんけん（expotition）」に出かける準備をしているところを見つける。これもまたプーがソクラテスの無知の仮面を使う例であるが、それには目をつぶっておいて、ここではわずか一七行の文章の中にすくなくとも七回も「x」が出てくるという驚くべき事実に注目したい。「x」というのは英語では一番頻度のすくないアルファベットのひとつだ。なのに、ここではむずかしい計算をしなくても、平均二・四三行に一回「x」が出てくることになる。これはほんとうにめずらしい。かりに、この現象を「xのよく出る現象」と呼ぶが、五回めに出てくる「x」と六回めの「x」のあいだにある「x」のない九行をぬかして考えると、この「xのよく出る現象」はもっとすごくなる。そうすると、九行に七つの「x」が集中してひしめいていることになる。ここでは「x」は平均一・二九行に一回出てくることになる（計算はすべて小数点以下第二位までとする）。

これはただの偶然だろうか？　たんけん（expedition）が話題なのだから、ここに「x」がよく出てくるのは必然的な結果なのだろうか？

思い出してもらいたい、いま、ぼくたちは西洋哲学の最高傑作を研究しているんだってことを。たったひとつのことばだって、たったひとつのアルファベットだって、たったひとつの「、」だって、ただの偶然ですましてはいけない。ここに書かれたものにはどんなものにも意味があるんだから。いや、それではまだ言い足りない。ここに書かれたものにはどんなものにも複数の意味があるのだから。

プーの作者はわざわざここでこのアルファベットにぼくたちの注意を向けさせてくれてるじゃないか。プーがこう聞く。

「とんけん（expotition）って、どこに行くの？」

するとクリストファー・ロビンがこうこたえる。

「たんけん（expedition）だよ。ばかだなあ。ここにはちゃんと『x』がはいってるだろ」

今日の今日まで、プーの研究家たちがこの決定打ともなるやりとりを無視したり、ただの冗談ですませてきたとは信じられないが、ほんとうだ。

クリストファー・ロビンは「とんけん（expotition）」を「たんけん（expedition）」と訂正する——ot を ed にかえる——ときになぜ読者の注意を訂正の必要のない「x」にむけさせたのか？　この疑問をなげかけた人は、いままでひとりもいない。この二ページあとでも、またプーがコブタに「とんけん」っていうのは「x」があるもんなんだ、と説明しているというのに。

このみちしるべがさしている行き先はどこか？　「x」は何を意味してるのか？　まず言えること、それはxはふつう未知数をあらわすということだ。この章のテーマが未知のものをさがしに未知の世界へ入って行く探険だから、これはまさにぴったりだ。しかし、これではまだ第一段階にすぎない。ぼくたちがプラトンにたどりつくにはもう一段上にのぼらなければならない。それは何か？

プラトンは特定のものや具体的なことよりも、一般的なことや抽象的なことを得意としていた。だから、ぼくたちがここで「x」の意味を特定の「未知数」じゃなくて、もっと一般的な意味にとって、「数学的な象徴」と考えてもまちがいにはならないだろう。

これで、すべてのつじつまが合う。プラトン学派のアカデメイアの園のドアに「幾何学を知らざるものはなんぴともここに立ち入るなかれ」と書いたのはプラトンだ。プラトンの教えとピタゴラスの教えにはつながりがあるというのは有名な話だが、これも、そのつながりの結果だ。ピタゴラス学派のいちばん大切な教義は、宇宙には幾何学の基礎がある、だった――これは、現代の亜原子物理学者の理論を予言した天才的な教義だ。

ここに書かれた「北極とんけん」が宇宙の究極的構造をさぐるアレゴリーになっていることはもうおわかりだろう。そうなると、北極を発見したのがプーだったと聞いてもべつに驚くこともあるまい。

ミルンは哲学の歴史を自己流のアレゴリーにむすびつける天才だった。ミルンはそのアレゴリーの中で、宇宙論を形而上学・倫理学・認識論につねに密接にむすびつけて描いている。

さっき、クリストファー・ロビンの知性の限界を強調したばかりだが、この一件においては、クリストファー・ロビンが重要な――そして、プラトン哲学に関係する――はたらきをしていることに気がついた読者はいるだろうか？ プーはクリストファー・ロビンに「北極ってなに？」と聞く。

「北極っていうのは人が発見するものさ」

とクリストファー・ロビンはなにげなくこたえました、自分でもよくわからないままに。

熱心なミルン派クマ学研究者もそうでない人も、たいていの人が、ここではクリストファー・ロビンの無知が暴露されていることにばかりに気をとられて、その結果、プーはまたしてもソクラテスのように、話している相手（クリストファー・ロビン）に自分のしゃべっていることが自分でもわかってないことを教えてやってるんだと思ってしまうだろう。

たしかにそれはそうなんだが、ここで問題とすることではない。ここでの会話の重要ポイントは、クリストファー・ロビンの、「北極っていうのは人が発見するものさ」ということばにある。つまり、北極とは、観察者や発見者からは完全に独立し、客観的に存在するものということだ。

もちろんこれは、厳密に言えば、今日プラトニズム（理想主義的観念論）と呼ばれる数学のひとつの考えかたである。そしてそれは真実かうそかを数学的に決めるのは定められた法則だけであり、その法則は主観によって変更することもあるとする数学的規約主義と対立する。

イーヨーとプラトンのイデア（理想的原型）

この「北極とんけん」の章だけに限っても、ここに語られているプラトンの思想はまだまだある。イーヨーのこともひとこと言っておかなければならない。ちなみに、この「北極とんけん」でプラトン哲学に貢献できたとは、第一章からみるとイーヨーもたいした進歩をとげたものだ。それもこれも、哲学者であり、また教師でもあるプーの技量のたまものというわけだ。

イーヨーはいかにもイーヨーらしく、プラトンの教えをもんくにくるんでいる。北極たんけんたいがいよいよ出発しようと列をつくっているとき、イーヨーはこう言う。「わしがその『とん……』いまわしらがはなしとるものじゃが……その最後なんじゃ……だから、わしをちゃんと最後にしてもらおう」。イーヨーのもんくはこうだ。最後のはずのイーヨーのあとに、「まだ半ダースものちいさいウサギの友人・しんせき一同」がいて、彼らがついてきているからいつも確認しなきゃならない。「だから、これは、『とん……』なんでもかまわんが……それではぜんぜんない、ただの『こんらんした雑音』じゃ」

この短い発言の中で、イーヨーは「最後」と「とん……」と「こんらんした雑音」ということばを使っている。イーヨーはこの三つのことばにはどれにも正当な意味があると思っているが、現実がその意味にあっていないともんくを言っているんだ。

プラトニズムはもう一段階さきへすすみつつある。というより、プラトニズムに対するぼくたちの理解がひろがりつつある、と言うべきだ。プラトニズムが数学にあてはまることはもう見てきた。さて、ここで考えるのは、もっともプラトン的な教え、つまり、プラトニズムの真髄だ。プラトンの一番特徴的な教え、それは、この地球上のものはすべて、永遠なる理想的原型、つまりイデアのコピーにすぎないという教義だ。

イーヨーは「最後」にも、プラトンの理想的原型、つまりイデアがあるはずなのにともんくを言っているんだ。ところが、どうやってもそのイデアに一致しないものにこの「最後」ということばをあてはめる権利はぼくたちにだってない。ここで使われている「最後」はイデアのゆがんだコピーどころか、コピーなんてものじゃぜんぜんない。

こまかいちがいはあるとしても、イーヨーは「とん……」と「こんらんした雑音」にもイデアはあるはずだと言っている。ちがいというのは、イーヨーがなんど言っても「とんけん(expotition)」ということばを完璧に言えないことだ。これにはいろいろな説明がつけられそうだ。

イーヨーはまだ哲学的発達をはじめたばかりだから、世界とか観念とか、あるいはその両方ともがよくわからないんだ。といっても、イーヨーは世界も観念も「こんらんした雑音」でないことはちゃんとわかっているんだが。

いや、それよりも、イーヨーは「とんけん」ということばは正しいことばではないから、正しくないことばではプラトンのイデアにつながらないんじゃないかと疑問に思っているんだ。「こんらんした雑音」からは、イデアとはちがう構図も浮かんでくる。しかも、それはプラトンのまたべつの一面でもある。つまり、宇宙の始まりにかんするプラトンの説だ。プラトンは『ティマイオス』で世界が形成される前は原始カオスだったと唱えたが、このイーヨーの「雑音」は、その原始カオス以外に考えられるだろうか？

イーヨーはいかにもイーヨーらしいやり方で、原始の混乱の恐怖を表現している。そのほかにも、オセローの「世界はふたたびカオスの闇に呑まれよう」、ミルトンの「カオスと昔の闇の王国」、あるいは、あまりおなじみではないが力強さではおとらないポープの『愚人列伝』の最後の数行にもこの混乱の恐怖は描かれている。

見よ！　おまえの恐るべき帝国、カオス！　が復活した、
すべてを絶滅させるおまえのことばの前に光は絶えた、
おまえの手が、偉大なる暴君よ！　幕を切って落とした、
そして広大無辺の闇が万物を呑みつくした。

ここでのプラトンの第一の代弁者はイーヨーだ。それに、この物語ではなんどもくりかえしイーヨーのしっぽがテーマとなっているのだから、イーヨーがしっぽのイデアのヒントをくれていたとしてもそうびっくりすることはない。

ただ、イーヨーの言いかたがあまりにもあいまいだから、どのことばがヒントなのか、ここではっきり指摘しておくとしよう。ちいさなルーが川に落ちたとき、イーヨーは流れてきたルーがつかまれるようにと自分のしっぽを川にたらした。イーヨーは（イーヨー自身は知らなかったのだが）ルーが救出されたあともずっと水の中にしっぽをたらしていた。

ついにしっぽをひきあげたときには、すっかりしびれて麻痺《まひ》していた。そこで、イーヨーはみんながしっぽのこともしっぽ独自の問題のことも知らなすぎるともんくを言った。「しっぽといっても、おまえさんたちのしっぽじゃない、このおしりについてるちょっとしたおまけのことじゃ」。言いかえるとイーヨーはしっぽのイデアと、――あえて言うと――それにおまけのようにくっついているあらゆるもののことをみんなが知らないともんくを言っていることになる。

そこまで言うと、イーヨーがイデアにとりつかれているということになるんじゃないかと反論されるかもしれないが、それに対するこたえはひとつ、どんな分野でも勉強をはじめたばかりの人は、よくその分野での大天才に対して過剰なまでの情熱を抱いてしまう、ということだ。

これまでずっとせまい世界で地に足のついた生活をしてきたイーヨーにとって、イデアという世界の発見はすばらしく刺激的で解放的だったにちがいない。イーヨーがすこし夢中になりすぎたとしても、それは、批判すべきもの、というより、思いやりのある理解を示すべきものだろう。

プーと北極

「北極とんけん」の章を終えるまえに、やはりわれらがヒーロー、プーに立ち戻るとしよう。結局、北極《ノースポール》（宇宙の究極的な構造のこと）を見つけたのはプー本人だった。北極とはただ、さがしもとめるべきもので、ミルンの描き方は実に微妙だ。

　イーヨーのことはさっき言ったが、ほかのみんなもルーを助けようと善意にあふれたむだな努力をしていた。そのとき、プーは「なにかを手にもっていた」。そのなにかは長い木の棒《ポール》だった。プーはカンガのたすけをかりて、この棒を使ってルーを川から救出した。そのあとどうなったか？

　クリストファー・ロビンは……プーをじっと見ました。

「プー、その棒どこで見つけたの？」と、クリストファー・ロビンは言いました。

　プーは手にもっている棒を見ました。

「ぼく、ただ見つけたんだ。きっとやくにたつと思って、ひろったんだ」

「プー」と、クリストファー・ロビンはおもおもしく言いました。「たんけんはおわりだ。

きみは北極を見つけたんだ」

この一節にはあまりにもたくさんの意味がふくまれているから、ぼくらは一番大切な意味だけを選びださなければいけない。

まず第一に、この棒の登場のしかただ。たんけんの目的としてではなく、ルーを救出する手段として登場している。これは、真実に対する哲学的科学的探求と、他人への思いやりという倫理的実践との、めったにみられないすばらしい結合の見本だ。

次に、いま言ったことと深い関係があるんだが、ルーを救うときのプーのパートナーをルーの母親のカンガにするという作者の巧妙さ。

最後に、棒（pole）を「ただ見つけたんだ」と言ったプーのことばにある二重の意味。棒（pole）＝極（Pole）を見つけたということばはまず、たいていの科学的発見で大きな役割をはたしている運のよさ、まったくの掘り出し物的要素を示している。次に、プラトン的な意味としてはもっと大切なことなんだが、プーはプラトンと同じように、だれかれかまわずその奥義を教えようとしているのではないことを暗示している。ここまでのところで、きっとみんな気づいているだろうけど、プーが棒のほんとうの姿を知らないというのは、ただの見せかけだ。しかし、この場合のプーの無知の仮面は単なるソクラテスの受け売りではない。この勉強をはじめたばかりの人にとっては奥が深すぎてよくわからないだろうと思って、プーは棒の秘密をあかさないように気をつかってくれているんだ。

プーとプラトンの饗宴

これまで多くの読者が、プーの世界に出てくる食べものの重要さについて意見をのべてきた、食べものだけでなくパーティーについても。プーとプーの仲間たちにとって、食べものはたんなる滋養でもなければ、肉体をささえるものでもない。それは表面的なレベルにおいてさえも喜びをあたえてくれるものであり、大切な場面では、世間のあたたかさをあたえてくれるものでもある。

ぼくたちはすでに、この本にはプラトン的なものがたくさんあると見てきたのだから、いまさらこれをプラトンの『饗宴』に結びつけられないというのはすまされない。プー物語の最後にクリストファー・ロビンがひらくパーティーは、どうみてもプラトンの饗宴の類似品だ。プラトンが劇の競演で優勝したアガトンを称えて酒宴をひらいたように、ぼくたちのパーティーはコブタを洪水から救ったプーの勇気とアイデアを称えてひらかれた。

プーのパーティーで「みんないやというほどたくさん食べた」と語られているが、この表現は、——もっと控えめだが——プラトンの「みんな好きなだけ飲む」ということばのくりかえしだ。プラトンの饗宴での話題の中心は愛だった。クリストファー・ロビンのパーティーでの話題の中心はプーだ。すぐに気づいただろうか？　ソクラテスが「愛に両親はいない」と言ったことを。そして、覚えているだろうか？　プーにもやはり親がいないらしいということを。

さてこうして下準備ができたところで、ミルンのこの多面的な傑作の多面的な意味の追求をこのさきもさらにすすめていくとしよう。ソクラテスの口を通してプラトンは「愛」には多面性があると強調した。ということは、その「愛」にたとえられるプーのことは、なおさら追求する価値がありそうに思えてくる。

文字通りの意味では、プーのコブタ救出は、実践的な愛をあらわしている。ソクラテスは、愛をたかめて洗練すると、ついには抽象的な真実や美だけを夢中で考えるようになると言った。それと同じように、われらが「偉大なるクマ」のはちみつや「ピンクのさとうごろもにくるまれたケーキ」への愛は、かれの哲学的真実に対する愛の象徴なんだ。

プーとアリストテレス

プー物語におけるプラトン哲学の奥の深さとはばの広さについてはもう十分語ってきた。だ

からここで、豊かさではひけをとらないアリストテレスの哲学に目をむけるとしよう。

アリストテレスは哲学における一番大切な道具は論理学だと言い、自己流の論理学を展開していった。彼の論理学は一九世紀に現代記号論理学が誕生するまでの二〇〇〇年もの間、哲学の主流だった。そこで、当然、ミルンのこの傑作の中にもアリストテレスの論理学が潜んでいるのではないかと期待が持たれる。この期待がはずれることはなさそうだ。次にあげる文の最後のところに注目してほしい。

ある日プーはイーヨーをたずね、なにかがなくなっていることに気づく（『クマのプーさん』第四章）。

「きみ、しっぽどうしたの？」プーはびっくりしてきいてみました。
「しっぽがどうかしたのかね？」と、イーヨーは言いました。
「なくなってる！」
「ほんとかね？」
「うん、しっぽはあるか、ないか、どっちかだろ。まちがえっこないよ」

さて、プーはイーヨーのしっぽはあるかないかで、そのまんなかは絶対にありえないと教えてくれているんだが、それはつまり、アリストテレスの論理学の基本原則のひとつ、「排中律の法（あるいは原理）」をとなえているということになる。

ここでほかに手をのばすまえにアリストテレスの論理学を学ぶことにしたのは、アリストテレスも含めて、たいていの哲学者たちは論理学こそ哲学にまず必要なものと考えているからだ。

ここでもっと前に出てくる一節を考えることにする、そこにはアリストテレスの哲学の大切な要素がさらに二つも含まれているからだ。プーがブンブンという音を聞くところからはじまる一節である。

「もしブンブン音がするとしたら、それはだれかがブンブンいっているってことさ。どうしてブンブンいうのか、ぼくが知るかぎり、そのたったひとつのわけは、それがハチだってことさ」

まず第一に気がつくことは、プーがここにある結果――ブンブン――には原因が、つまり、それをおこす何かがあると推測していることだ。これこそまさにアリストテレスが「始動因」(「始動」とは「ある結果に向けて動き出す」という意味)と呼んだものだ。次にプーは、この場合、ハチがブンブンの始動因である、なぜなら、ブンブンはハチの動きの結果だからである、と結論を下している。

ついでにもうひとつ気がつくこと、それは、プーがこの結論をハチにかんする知識から引き出しているということだ。自然界にかんするこうした知識(それもこの特別な瞬間の)からは、アリストテレスが哲学だけじゃなくて生物学も専門としていたことが思い出される。ただし、アリストテレスは具体的な観察をおこなわずに抽象的な論理にたよったために、生物学的なまちがいをおかしたが、これはクマのプーなら絶対におかさないまちがいだ。

このブンブンいう音をさらにじっくりと考えたあとで、プーはこうつけ足す。

「どうしてハチがいるのか、ぼくが知るかぎり、そのたったひとつのわけは、はちみつをつくってるってことさ。どうしてはちみつをつくるのか、そのたったひとつのわけは、ぼくにごちそうしてくれるってことさ」。この二つの文でプーは「わけ」を考えているが、ここでいう「わけ」はあきらかに「目的」のことだ。目的という観念はアリストテレスの哲学の基盤だ。

専門用語で言うとこれはまさに目的論のことで、ある行為の目的というのはアリストテレスがその行為の「目的因」（その行為のおわり、あるいは目的のこと）と呼んだもののことだ。ここでプーはぼくたちに「目的因」の例を二つもみせてくれている。ハチの「目的因」ははちみつをつくること、そして、はちみつの「目的因」はプーにごちそうすること。

このほんの数行のみじかくて、明快で、楽しい文章の中で、プーはアリストテレスの論理学を、そして、四原因のうちの二つを、また、基本となる専門的な探求の方法を教えてくれている。

プーと禁欲主義者と快楽主義者

ギリシア哲学でのプラトンとアリストテレスの占める位置はいまだに絶大だ。しかし、ギリシアにはそのほかにも重要な哲学がある。それを無視することはできない。プーの作者だって無視してはいない。すくなくとも、「ストイック」（ストア学派・禁欲主義者）とか「エピキュリアン」（快楽主義者）とか、あるいはそこから枝わかれした哲学の名前をいくつかはだれでも聞いたことがあるはずだ。そういう哲学もプーにはあるだろうか？

ふつう、ストイシズム（禁欲主義）ということばはどんな苦しみにももんくひとつ言わずに耐えるという意味で使う。それはそれでもちろん正しい。エピクテトスはストア学派の中で、たぶんいちばん有名な学者だが、かれは聴衆にむかってこう言った。どんな状況にあってもしあわせな気分になれるような心の自由に到達するようにと。これは、プーとプーの仲間たちが実践してみせてくれていることだ。

プーの世界でだれがいちばん苦しみをあじわっているかと聞かれたら、全員一致でイーヨーとこたえるだろう。ぼくたちがはじめて会ったときもイーヨーは悲しげに考えこんでいた。プーの顔を見て喜びはしたが、それでもイーヨーは「陰気に」あいさつをする。次に会ったときのイーヨーは、自分の誕生日を友だちにすっかり忘れられて悲しみにくれていた。しかし、イーヨーの耐える姿は禁欲的であるというよりも、ストア哲学者そのものだ。プーにどうしたの？　と聞かれてイーヨーはこうこたえる。

「べつになんでもないんじゃ。みんながそうなるわけにもいかんだろ、だから、いつもだれかはだめなんじゃ。まあ、そういうことなんじゃ」

「みんながそうなるわけにもって、、、、どうなること？」

「楽しくなること。うたって、騒ぐこと、……親しみやすくなること」イーヨーはあいかわらず陰気にしゃべり続けた。「まあ、フランス語でいうところのボノム、人がいいことだな……わしはべつにもんくをいっとるんじゃない。ただ、そういうことなんじゃ」

ここで注目してもらいたいのは、イーヨーが誤解を避けようとして自分はもんくを言ってるんじゃないと明言していること、そして、「そういうことなんじゃ」とものごとをあるがままに認識していることだ。そのほかのことにかんしては、またあとで分析することになる。

いまのセリフの二、三行あとで、イーヨーは「なぜわしは悲しいんじゃろ？　きょうはわしの誕生日。一年でいちばんうれしい日じゃというのに」と言う。

こう言ったすぐあとでイーヨーのストイシズムはもろくもくずれそうになる。イーヨーはおかえしにプーにもお誕生日おめでとうと言うのだ。プーは混乱して、きょうはぼくの誕生日じゃないよ、とこたえる。イーヨーはこう説明する。

「おまえさん、わしの誕生日にいつもみじめになっていたくはないじゃろ？……十分じゃ……みじめなのはわし一人で。プレゼントもない、ケーキもない、キャンドルもない、だれからも気づいてもらえない。でも、もしほかのみんなも同じようにみじめになるというなら……」

これをどう説明しようか？　こたえはひとつ、イーヨーは哲学的発達のごく初期の段階にいるってことを思い出せばいい。プラトンのイデアにとりつかれていたときの説明——と弁明——と同じで、やはり、イーヨーは初心者だからときどきストイックな冷静さから逸脱してしまうんだ。

うまいぐあいに、ぼくたちには、『プー横町にたった家』にいたるまでにイーヨーがどのくらい進歩したかをお見せすることができる。『プー横町にたった家』で、ルーとコブタが「プー棒投げ」をしていると、川に落ちたイーヨーがぷかぷかと流れてきた。イーヨーは「四本の足を空中につきだして、とても冷静で、とても威厳にみちたようす」だった。イーヨーは冷静だっただけじゃない。友人たちのどうにもむだなことばを、ストア哲学者たちがめざす、あのつめたく突き放した態度で批判してもいる。

ストイシズムとイーヨーの関係はおもしろいが、ぼくたちとしてはやはり、プー本人からいちばん深い理解といちばんすぐれた例を見せてもらいたくなる。それは期待はずれにおわりはしないはずだ。

はじめてハチのブンブンいう音を聞いてから風船で飛ぶまでの間に、プーははちみつをもとめて木にのぼっている。運わるく、かなり高いところまでのぼったときに枝がおれて地面に落ちてしまう。そのおそろしく、いたいたしい状況の中でプーは何をしたか？　冷静にその状況を分析したのだ。

「やらなきゃよかった……」プーは七メートル下の枝ではねかえりながらこう言いました。

「そう、あんなこと」

プーは九メートル下の枝までまっさかさまに落ちていきながら説明しました。「あんなことなんか……」

「もちろん、そりゃそうだけど……」プーは六本の枝のあいだをつぎつぎとすべりおちながら、言いました。

「やっぱりこうなっちゃうのは……」プーはさいごの枝に別れをつげ、結論をくだし

ました。三回くるくるまわってハリエニシダのしげみにふわりととびこみながら、「こうなっちゃうのは、はちみつが大好きだからなんだ」

ふつうの人なら――たぶん哲学者だって――ことばにならない悲鳴をあげるか、あるいは、ことばになっても後悔にみちたことばしか出てこないような状況で、プーはそうなった原因を冷静に考え、目的を検討し――これもまた目的論――そして、その原因と目的を自分の本性に結びつけた――この問題についてはまたあとで論じることにしよう。

地面に落ちる直前というういちばん危険な瞬間にもプーはとてもリラックスしていたから、ハリエニシダにつっこむときに、「ふわりと」つっこんでいる。

これ以上みごとなストア哲学のアタラクシア（悩みのない冷静な心の状態）のお手本をどうやって作者はこの限界のある本の中であらわすことができよう？　これがまた、快楽主義（エピキュリアニズム）の感動的なお手本でもあると言われたら、読者のみなさんの中には驚く人もいるだろう。エピクロスが快楽こそ人生の正当な目的だと唱えたのは有名な話だが、そのエピクロスが推薦した快楽がどんなものだったかをみんな忘れがちだ。かれのことばそのままに言うと、快楽とは、「からだに痛みを、魂に悩みを感じないこと」をいうんだ。

どう考えても、からだの痛みなしで生きていくことができるとは思えないが、ほんとうの快

楽主義者なら魂はいつも悩みからまぬがれているはずだ。エピクロス自身、赤痢にかかって排尿のたびに苦痛をあじわいながら死んでいったが、それでも友人に「わたしはいま、しあわせです」と書き送っている。昔かわした会話を思い出すと魂に喜びがあふれて、それがからだの苦痛を帳消しにしてくれる、だからしあわせだというのだ。こうして、いまは亡きかの哲学者とわれらが不滅のクマは一八〇〇年の年月をへだてて、手をとり合った。

オックスフォードのあの高名な哲学者、ジョナサン・バーンズは、こう言っている。「軟弱な快楽主義者が厳格なストア哲学者とにらめっこをしている有名な絵があるが、それはカリカチュアだ、はたから見ればこの二つの学派には実際ほとんどちがいはない」。こう指摘したバーンズには敬服するが、その点バーンズよりもクマのプーのほうが先輩だった。

ストイシズムのもうひとつの重要な問題についてはあとで論じようと約束しておいたが、それをいま話そう。これまでには遠回しにしか言われていないことだが、ストア哲学では、実は、人はその本性に従って生きるべきだとすすめている。自分には「親しみやすさ」が欠けているとわかったとき、イーヨーはしみじみと、「そういうことなんじゃ」と言って、自分をなぐさめた。つまり、自分の本性をうけとめたわけだ。ただ、ここでひとつ言っておくが、ストア派の哲学者たちは本性に従って生きろと忠告してはいるが、原始的に生きろとか、まして、動物的な生活をしろと言っているのではない。人はみな、自分自身の本性に従って生きるべきだと言っているんだ。

「そういうことなんじゃ」と言ったイーヨーが教えてくれたものはまさにこれだ。また、落ちていきながら、「こうなっちゃうのは、はちみつが大好きだからなんだ」と言ったプーが教えてくれているものもそうだ。つまり、プーはこうなったのも自分の本性のせいだと説明しているんだ。注目すべきなのは、こんなに不安で危険な状態にあっても、プーは自分の本性にも、そして、自分をささえきれなかった木の本性にももんくをつけてはいない、ということだ。

イーヨーもプーもぼくたちにストア哲学のわかりやすいお手本をしめしてくれたが、トラーもさらにいいお手本を示してくれている。みんな、ゴールにまで到達している完璧なストア哲学者だ。その中でもトラーはゴールにいたるまでの学習方法を教えてくれている。トラーの教えはためになるだけじゃなくて、まだまだゴールまでほど遠いぼくたちにとって、おおいに励みともなる。

一番かんじんなエピソードは、『プー横町にたった家』第二章「トラーがもりにやってきて、あさごはんを食べる」だ。ここで問題となっているのはトラーのあさごはんだ。われらが親切なクマはあさごはんのことで、「トラーははちみつがすきかい？」と聞く。

「ぼくたちはなんでもすきなんだ」とトラーはげんきよく言いました。

しかし、はちみつをなめてみて、トラーはすぐにはちみつは自分の好物じゃないとわかる。プーをいいかげんに読んでいた人でも、このあとトラーはコブタのトングリや、イーヨーのアザミにかんしても、まったく同じ過程をたどったと記憶しているだろう。トラーは「○○がすきかい？」と聞かれると、「○○はトラーのいちばんすきなものなんだ」とまず言うが、一口ためしてみると、「トラーはそれはすきじゃない」ということになる。ただ、ルーの「麦芽エキス」をなめたときだけは、トラーの顔に笑みがひろがり、「トラーはこれが大すきだ」と言った。このトラーのことばに続いて、この章の最後になるのだが——次の文章がくる。

そういうわけで、トラーはそのあとずっとカンガの家に住んでいます。そして、あさごはんにも、ばんごはんにも、おやつにも、「麦芽エキス」を食べているのです。

言いかえてみると、「トラーは自分の本性を見つけだすと、そのあとはずっとそれにしたがって生きることにしました」となる。

プーの本をちゃんと読めば、はばひろく、奥のふかいギリシア古典哲学を一から十まで勉強できることがこれで十分わかっただろう。プーの本の中にあるネオ・プラトン派の哲学や中世哲学の豊かさを説きあかしていくことも簡単だ。しかし、この初心者むけの本において、それはあまりにも専門的になりすぎる。だから、次の章は一七世紀の合理主義哲学として一括されているグループにまで話をとばしてしまおう。デカルト、ライプニッツ、スピノザたちがそこにはいる。かれらと同じ時代の哲学者だったホッブズは、一括されてしまうことをいつも拒絶していたから、次の章の最後に、合理主義と経験主義の橋渡しとして説明することにしよう。

3

プーと17世紀の合理主義者たち

デカルト、スピノザ、ライプニッツ

「一七世紀の合理主義者」ということばは、ふつうデカルト（一五九六―一六五〇）、スピノザ（一六三二―七七）、そしてライプニッツ（一六四六―一七一六）に対して使われる。この三人の哲学はそれぞれ大きくちがってはいるが、共通していたのは、理性の力さえ信じていれば宇宙の本質は見抜けると考えていたことだ。これが合理主義者と呼ばれるゆえんでもある。また、それと密接に関係することだが、原則としてすべてのものに説明がつけられるという信念もかれらには共通していた。読者のみなさんは、この三人の哲学も二冊のプーの本が解説したり批判したりしているだろうと楽しみにしているんじゃないだろうか。それが期待はずれにおわることはないだろう。

まずは、典型的な合理主義者に見る先天的（アプリオリ）な方法だ。これはつまり、経験によって得た知識（これは第四章と第五章で勉強する）をもとにするのではなくて、第一原理をもとに考えていくということだ。

ぼくとしては、ここでプーのはちみつさがしのエピソードをその一例としてあげてみようと思う。この一件にかれのアリストテレスにかんする奥の深い知識があらわれていることはもう見てきた。ところが、この一件からは、理性の力だけで世界を知ることができるんだという合理主義者の主張をプーが知っていたこともわかる。プーは「どうしてハチがいるのか、ぼくが知るかぎり、そのたったひとつのわけは、はちみつをつくるってことさ」と言っている。このことばによってプーはハチの本質にかんする正しい知識をあたえてくれるのは理性だけだという考えをあらわしている。この先天的（アプリオリ）養蜂家は、短いけれど印象的なこのことばの中で合理主義がどういうものかをみごとに要約してみせてくれているんだ。

合理主義にかんするプーの解説はこれくらいにしておいて、さて、次に批判にうつろう。いまのことばの二、三ページあとで、プーはクリストファー・ロビンに、「ハチってのは絶対にわからないものなんだ」と言う。このことばによって、理性さえあればハチを理解できるという自信にみちた主張はくずされる。それでもさっきの「どうしてハチがいるのか……」が合理主義の原則をたくみに表現していることにかわりはない、が、同時にその原則が根本的な批判にさらされていることも示している。

ちょっと考えただけで、この批判の矢がさらに遠くまですすむことはわかる。だれの目にもあきらかだが、それは孤立無援の理性には限界があることを示している。また、プーの「絶対にわからない」ということばによって、合理主義のもうひとつの原則——すべてのものに説明がつけられるという信念――も否定される。

合理主義の代表者たちが持っていた独自の哲学をみていけば、ミルンがプラトンやアリストテレスだけじゃなくて、デカルト、スピノザ、そしてライプニッツにも精通していた証拠は宝の山のように出てくるだろう。

デカルト

デカルトは絶対に疑いようのない命題をさがしもとめて、ついに、あの有名な、「われ思うゆえにわれあり」に至った。現代哲学者たちの中には、デカルトは「われ」の意味を当然のものとしていたと主張した人もいるが、実は、「われ」はかなり複雑なことばだ。また、この命題で正しいのは、思考は続く、ということだけだと主張する人もいた。この「われ」の問題がいちばん鮮明に描き出されているのは『クマのプーさん』第二章「プーが出かけて行って、きゅうくつなところへはいってしまうお話」だ。

プーはウサギの家に出かけて行ってこうたずねた。「だれかいませんか?」。こたえがないのでプーはこの質問をもう一度くりかえす。すると、こんどはこたえが返ってきた。

「いませんよ！」という声がしました。それから、「そんなに大きな声をださないでくれよ。ちゃんときこえてるんだから」という声もしました。

「まいったなあ！　ほんとにだれもいないんですか？」と、プーは言いました。

「だれもいません」

プーはこのやりとりをじっくり考えてみて、こうつぶやく。「だれかいるにきまってる、だって、だれかが『だれもいません』って言ったもの」。そこでプーはまた穴の中に頭をつっこんできいてみた。

「やあ、ウサギ、きみかい？」

「ちがいます」と、ウサギはこんどは声のちょうしをかえて言いました。

二人の会話はさらに続いて、ウサギはプーのところへ行ってしまったという返事が返ってくる。これにこたえてプーはこう言う。「でも、ぼくはここだよ！」

「どんなぼくさ？」
「クマのプーだよ」
「ほんとかい？」
「ほんと、ぜったいほんとさ」と、プーは言いました。

デカルトのことを考えていれば、こういう状況でかわされている会話は、一見なんてことのない「ぼく（われ）」ということばにある複雑な本質をドラマ仕立てで見せてくれているんだと、すぐにわかるだろう。
まずプーは、「だれもいません」という声が聞こえるという事実から、だれかいるという結論を引き出したが、これは正しいか？　もし正しいとしたら、自分のことを「だれもいません」と言うのはどんな人なのか？　ここには

「ぼく（われ）」ではないだれかがいるのか？　デカルトがなにげなく通り抜けてきたこの「われ」の問題に、ここでどんな光明が（あるいは、暗闇が）投げかけられるのか？

ここで問題となっている哲学上の問題が何なのかをはっきりさせるために、ミルンはさらにわかりやすいことばで表現してくれている。プーが自分を「ぼく」と言ったとき、ウサギは「どんなぼくさ？」と聞く。どんなにいいかげんに読んだ人だって、このウサギの質問のことばの重大さに気づかないはずはないだろう。ところが、面目ないことに、現代の哲学者たちは、この重大さに気づかずに今日まですごしてきてしまった。

現代の哲学者たちが気づいていないことはまだある。それは、クリストファー・ロビンの教育についての話の中にあるデカルトへの言及だ。プーを読んだことのある人なら、『プー横町にたった家』第五章「ウサギが忙しい一日をすごして、クリストファー・ロビンが午前中になにをしているのかがわかるお話」をきっとよく覚えているだろう。ウサギとコブタ——とぼくたち——にクリストファー・ロビンが何をしているのかを教えてくれるのはイーヨーだ。

「クリストファー・ロビンが午前中なにをしとるか？　勉強じゃよ。クリストファー・ロビンは教育を身につけとるんじゃ」

プー物語の最後の章で、クリストファー・ロビンが覚えたての知識をプーにふきこんでいることからみても、クリストファー・ロビンは確かに教育をうけている。クリストファー・ロビンはプーに、王様と女王様、工場、ヨーロッパ、吸い上げポンプ、騎士、そして、ブラジルの産物のことを教える。ついでに言うと、こういうふうに、とりとめのないことをずらずら並べ立てて得意になるというのは、未熟者の典型である。ただ、ここでぼくたちがやるべきことは、クリストファー・ロビンの未熟さを追及することではなくて、プーと比較することだ。

プーが義務教育をうけていないのはあきらかだ。それから、もうすでに十分証明してきたし、これからもさらに証明していこうと思っていることだが、プーがあらゆる哲学を熟知していることもあきらかだ。デカルト風に考えていけば、人には生得観念があるというデカルトの信念を、かならずプーの中に見つけることができる。生得観念とは、ぼくたちが生まれながらに持っているもので、『世界哲学事典』によると、「理性という手段によって理解できるもの」とされている。クリストファー・ロビンはつまらない事実をつみかさねながら、そのあいだをとぼとぼ進んでいかなければならない。一方のプーは、持って生まれた観念を理性によって考えていくだけで、もっとも偉大な哲学者たちの、もっとも複雑な観念を自分のものにしている。

デカルトについての話の最後に、プー物語が徹底的に批判していることを話そう。それは、動物はただ自動機械のように動くだけのものという悪名高いデカルトの説だ。クマのプーは、コブタは、カンガは、クフロは、自動機械じかけなのか？　こう質問するだけで、その説があまりにもばかげているとわかるはずだ。北極とんけんに参加したウサギの友人・しんせき一同の中のいちばん小さな仲間でさえ、ちゃんとした人格を持っていて、その人格はある特定の哲学に関係してもいるというのに。それはこうだ――

そして、いちばんうしろの、いちばん小さな仲間は、たんけん隊がみんなそろって自分にむかって「しいっ！」といったものだから、びっくりしてしまいました。あまりにもびっくりしたから地面のわれ目に頭からさかさまにもぐりこんで、二日間もそこでじっとしていました。やっと危険がさると、いそいで家にかえって、そのあとはいつまでもおばさんとしずかにくらしました。かれの名前はカブトムシのアレクサンダーといいました。

いいかげんな読み方をしていると恥をかくという例がここでもまた見られる。この「アレクサンダー」という名前が、その名前の持ち主の行動とむすびついて、とても重要な意味を持つのだといままでだれひとりとして指摘していないなんて！　ここで関係してくるのは、あきらかに、

かの有名な実在論哲学者、サミュエル・アレクサンダー（一八五九―一九三八）だ。アレクサンダーの特徴でめだつ点は二つある。ひとつは論争が大嫌いなこと、もうひとつは世界は見る人の心とは関係なく存在していると主張したことだ。かれと同じ名前を持つぼくらの小さな仲間は、「しいっ！」と言われてもなにも言いかえさなかったことで、その第一の特徴をうまく表現した。また、地面のわれ目を使って、物質は個々に独立して存在するという現実を表現している。この――あらゆる意味で――小さな仲間でさえも、デカルトのキー・ポイントとなる二つの教義を批判している。つまり、動物は自動機械のように動いているだけだという教義と、疑いようのない「われ」が存在するからこの世界の存在を信じることができるのだという教義と。

童話というのはもともと、動物を人間に似たところがあるというのではなくて、完全に人間として扱うものだが、あさはかな批評家は、ぼくたちがそういう童話の性質を忘れているんじゃないかと言うかもしれない。こんなことを言うなんて、われらが作者ほどの人物になると、考えなしにものを書くことはありえない、という事実を見落としている証拠だ。プーの作者のことばには、そのひとつひとつにたくさんの意味がこめられている。かれが動物を描いたということは、動物にかんして言いたいことがあったということだ。そして、かれが言いたかったことは、たったひとつ、動物は自動機械じゃないということだ。

スピノザ

ここまでくると、もう待ちきれずにこう聞いてくる読者もいるだろう。「いったいいつになったら合理主義的な生き方とその問題点をはっきり示してくれるキャラクターが出てくるんだ？」と。では、もう、ぐずぐずしないでウサギの話をするとしよう。

赤ん坊のルーをつかまえる計画

1　ふつう言われていること。カンガはだれよりも、ぼくよりも速く走る。

2　もうひとつふつう言われていること。カンガはぜったいにルーから目をはなさない。ただし、ルーがポケットの中にいて、そのポケットにきちんとボタンをかけているときはべつ。

3　それゆえ。もしルーをつかまえるとしたら、ぼくたちはつかまえたとたんにカンガよりずっと早く走りださなければいけない。なぜなら、カンガはだれよりも、ぼくよりも速く走るから。（1を参照）

4　ある考え。もし、ルーがカンガのポケットから飛び出して、そこにコブタが飛び込んだとしてもカンガにはそのちがいがわからないだろう。なぜなら、コブタはとても小さな動物だから。
5　ルーのように。
6　しかし、コブタが飛び込むには、まず、カンガがよそ見をしなければならない。
7　2と同じ。
8　もうひとつの考え。しかし、もしプーがいっしょうけんめいにカンガに話しかけたら、ちょっとはよそ見をするかもしれない。
9　そしたらそのすきにぼくはルーをつれて走って逃げることができる。
10　いそいで。
11　カンガはずっとあとになるまで気がつかないだろう。

スピノザは定理にも、証明にも、系（直接的推論）にも番号をつけて自分の説を展開する方法をとった。このウサギの計画書以上に、ぼくたちにそのスピノザのやり方を思い出させてくれるものがあるだろうか？　ウサギはまちがいなくプーの世界でのスピノザだ——もちろん、それだけがウサギの役割ではないけれど。

ここであげた例はいままでのとはちょっとちがう。というのは、ここで例証しているのは問題となっている哲学の思想内容ではなくて、表現形式だからだ。といっても、プー物語にスピノザの思想への言及がないわけではない。内容にかんしても、また、ウサギはなくてはならない役割をはたしている。さっきのウサギとプーの会話（『クマのプーさん』第二章）にもどって考えてみよう。あの会話で「ぼく」じゃない人はいるだろうか？　スピノザのレンズを通してこの問題を見てみよう――スピノザはレンズみがきをして生計をたてていたから、このたとえはぴったりの言い方だ。そうすれば、ロジャー・スクルートンがスピノザは「われ」という視点から人生を見てはいないと言ったことも思いあたるだろう。

スクルートン教授はスピノザの道徳哲学についての話をしてくれているが、プーがウサギの家をたずねた話の最後のところでは、そのスピノザの道徳哲学がドラマチックに描かれている。プーはウサギのもてなしを思う存分楽しむが、楽しみすぎて太って、戸口にはさまってしまう。これこそ快楽を目的にすることへのスピノザの警告だ。「楽あれば苦あり」。ほかにもいくつもの場面で、プーは自分の平穏と威厳を犠牲にしてまで、この道徳哲学をぼくたちにたたきこんでくれている。

そろそろスピノザの汎神論の話をしてくれないかと思っているかたがたには申し訳ないが、プーと神学（自然神学）の話はこの本の続編まで待ってほしい。いまのところそこまで手をのばすことはできないから、もう次の項目、ライプニッツにうつるとしよう。

ライプニッツ

「トラーはいいやつだよ、ほんとうに」とコブタはぐずぐず言いました。

「もちろん、いいやつだよ」とクリストファー・ロビンは言いました。

「みんな、いいやつだよ、ほんとうに。ぼくもそう思ってたんだ。でも、ちがっているかもしれない」とプーは言いました。

「もちろん、ちがってないさ」とクリストファー・ロビンは言いました。

この短い会話は、ライプニッツ哲学のあの有名な構図を言いあらわしている。ライプニッツはヴォルテールの「この世界はすべての可能世界のうちから選ばれた最高の世界だ」ということばに要約された教義とむすびつけて考えられるのがふつうである――これに対して、F・H・ブラッドリーは、「ここにあるものはすべて必要悪である」とコメントした――プーも重大な反論をなにげなく口にすることがよくあるけれど、このブラッドリーのことばはプーの反論よりずっと手厳しい。

ついでに言うと、ミルンはヴォルテールがまる一冊かけて言ったことを、たったの五行で言ってしまっている。といっても、バートランド・ラッセルが「いつの時代においても最高の知性の持ち主」と言った哲学者を、ミルンが大胆にも却下したと考えるのはあさはかだ。というのは、このミルンの傑作にはたくさんのライプニッツの教えが、簡潔なかたちで掘り下げられているからだ。

ライプニッツのあの有名な構図にちらっとでも目をとめた以上、「多くの可能世界」ということばの示唆するところにもっと注目しなければいけない。ライプニッツの考えでは、この世界はありえる世界の中で最高の世界だが、神様はほかにも世界をつくり得たし、そうなると、その世界にはほかの生き物もいたかもしれない。そう考えないと、プーのモモンガー探しには、どうやっても説明がつかない。モモンガーは、ありえるけれど、非現実的な世界にいる生き物なのだ。ゾゾに関するさらにあいまいな存在論的地位のことは次の第四章で検討するとしよう。

ではここで、もう一度、プーのあの説明をふりかえってみよう。「どうしてブンブンいうのか、ぼくが知るかぎり、そのたったひとつのわけは、それがハチだってことさ……どうしてハチがいるのか、ぼくが知るかぎり、そのたったひとつのわけは、はちみつをつくるってことさ」

このプーのことばはアリストテレスの目的論でもあり、合理主義の第一原理への信念でもあり、そしてまた、ライプニッツの「理由はかならずある、もっとふつうに言えば、原因なしにはなにも起こらない」という基本原理でもある（この基本原理はたいてい「充足理由律」と呼ばれている）。

ライプニッツの哲学体系の中でもう一つ重要なことは、「矛盾律」だ。アリストテレスの論理学を説明するのに使ったプーのこのエピソードは、ライプニッツにもあてはまる。

学問をひけらかすだけの昔ながらの批評家の中には、プー物語のキャラクターたちの役割は限定されていていつも同じだともんくをつけた人もいる。イーヨーはいつも自分をあわれんでいるし、トラーはいつもはねているし、フクロは意味のないことをくどくど言っているし、ウサギは官僚ぶったしきりやだ。プーは、と言えば、いつもいつも、はちみつという「ちょっとだいじなこと」を考えている。

いくら未熟な批評家でもこれでは読みが浅すぎる。高度な哲学的視点をそなえたぼくたちから見ればこうなる。かれらのもんくにも事実にそくした根拠があり、その根拠はライプニッツの「個人の同一性」という理論を簡単なかたちで示したものなのだが、かれらはそのことにはまったく気づいていない。

ライプニッツは次のような問題を提起した。パリにいたあとドイツへうつったとしたら、自分では「わたし」だと思っている人物が、どちらの場所でも同じ人物だということは、どうやったらわかるだろうか。ライプニッツは明解なこたえを見つけた。それは、自分の記憶に聞いてみることだ。しかし、これでは後天的（アポステリオリ、経験にもとづいている）証明になってしまう。合理主義を提唱しているかれとしては、どうしても先天的理由（アプリオリ、ここでは生まれつきそなわっている第一原理にもとづいていること）がないと困るのだ。

ライプニッツはこう主張した。ある主語に対して正しい命題をうちだせば、その主語についてなにを言おうと、言ったことはぜんぶその主語の観念に含まれることになる、だから、ある人のことをなんでもぜんぶ知っているということは、その人の過去も、現在も、未来もぜんぶ知っているということになるのだ、と。一見、とんでもない考えのようにも見えるが、ライプニッツはこのような完璧な知識を持っているのは神だけだとちゃんとわかって言っている。

このライプニッツの主張を念頭において、もういちど、プー物語のキャラクターたちがいつも同じことしかしないと批判されていることを考えてみよう。そうすれば、実は、ミルンはライプニッツの理論をわかりやすく説明してくれていたのだとわかってくる。キャラクターたちが決まったことしかやらないのは、かれらの特質がそうさせるからだとミルンは言っているんだ。つまり、ミルンはライプニッツの考えた神の目にまで目を向けているということだ。

しかし、神の目を手に入れようなどという努力はやめなさいと、次にあげる哲学者ならきっと言っただろう。

トマス・ホッブズ（一五八八―一六七九）についての覚え書き

ホッブズをこの本のどこに入れたらいいかを決めるのはとてもむずかしいが、それがホッブズらしいところでもある。かれは生きているうちから、議会制主義者たちには君主制を唱えていると非難され、君主制主義者たちからは議会制主義者のクロムウェルを弁護していると非難された。そんなホッブズを哲学のどこに分類したらいいのかわかるはずがない。

ホッブズの書いたいちばん有名な本『リヴァイアサン』の最初のほうにこういう文章が出てくる。「それら（人の思考）のおおもとは感覚と呼ばれているものだ。（というのは、人の心には概念などないからだ。第一、概念というのは全体にしろその一部だけにしろ感覚の器官に生じたりはしない）」。ここでホッブズが言おうとしていることは、知識というのは、感覚を通して経験することにもとづいているということだ。これではどうみても経験主義的な探求方法に思える。そうなると、当然ホッブズは、合理主義的哲学者の正反対の立場にいることになってしまう。ホッブズが初期の頃に書いた本の中にはデカルトの『省察』に反論したものもある。

こうしたことをぜんぶ考え合わせると、その反論にもなにか象徴的な意味があるように思えてくる。

しかし、その反面、ホッブズほど本質的に合理主義的な幾何学にいれあげていた哲学者はほかにいない。ホッブズの知性が目覚めたのは、ピタゴラスの定理を偶然読んだときのことだった。ホッブスは幾何学のことを「神がひとにお与えになって唯一よろこばれた科学」と語った。ホッブスが何度もくりかえし強調したことと言えば、明晰な定義は幾何学にだけじゃなくて明晰な思考にも肝心なものだということだ。

しかし、透きとおるほどの明晰さをめざしたホッブズの努力に対して下された最後の審判は、一七世紀の有名な歴史学者、D・H・ペニントンの意見に代表されるといっていいだろう。ペニントンはこう書いた。「だいたいのところ、批評家たちはみな、ホッブズの論理の展開は整然としていて徹底的に明晰だとほめる、が、論理の内容には基本的に賛成できないようだ」『リヴァイアサン』はもともと政治哲学の本で、そこに書かれたテーマは、「自然状態の人間は、万人の万人に対する戦い」だから、人間の一生は「孤独で、貧しく、いやしく、残酷で、そして、短い」というものだ。プーの世界はどこをどう見ても、このテーマをきっぱりと否定している。

まず冒頭から、クリストファー・ロビンがはちみつを取ろうとするプーを助けている。二人は洪水で流されたコブタを協力して助ける。フクロはいつもアドバイスしてくれる。ウサギはいつも取りしきってくれる。フクロのアドバイスは実行不可能なこともある。ウサギのしきり方はいばっているだけでむだなこともある。しかし、かれらの善意に疑いをはさむ余地はない。ウサギのおおぜいの友人・しんせき一同のなかのいちばん小さい仲間がいなくなったときも、さがし出そうという呼びかけに、みんなすぐに応じて動きだした。もっとスケールの大きなできごととしては、北極とんけんや、『クマのプーさん』の最後をかざるパーティーがある。どんなときでもプーの世界の住人たちはみんな一緒になって冒険したり、お祝いしたりする。こういう例は、あげればまだまだたくさんある。

さらに言えば、この平和でしあわせな状態は政府機関によってつくられているのではない。ここには、国家もない、警察もない、法律もない、そして、罰則もない。あるのはただ、相手を破滅させたいと思う気持ちを抑えられるのは専制だけだと言ったホッブズに対する反論だけだ。

4

プーとイギリス経験主義の伝統

ロック、バークレー司教、ヒューム

経験主義はすべての知識が経験から生まれるとする教義だ、とふつう定義される。この場合の経験はみんなに共通するようなものでも、一般に科学と呼ばれる特殊なものでもかまわない。この学派の創始者、ジョン・ロックは、「知識がその人の経験をこえることはありえない」と説明した。これはとくにイギリスで根強い教義である。

ジョン・ロック（一六三二―一七〇四）

第三章で見たとおり、合理主義者たちのお手本は数学だったが、ここで見ていく経験主義者たちのお手本は自然科学だ。ロックは、『人間知性論』の序文として書いた「読者への手紙」の中でこう言っている。自分の野心など「かのたぐいまれなるニュートン氏」のような科学者にくらべたら「地面をちょっと掃くようなつまらない仕事をする人」が胸に抱くようなものだ、と。「偉大なるクマ」の経験主義への造詣の深さは、とくに経験と実験の領域に見られる。

ある見解をはっきりと説明しているからといって、プー自身がその見解をかならずしも抱いているとはかぎらない、という警告を頭にたたきこんでおけば、プーがあのコリン・マッギン推薦のむなしい哲学とは正反対の位置にいることは確信できる。マッギンは「哲学者は数ある精神的現象の本質的要素を、ひじかけ椅子から立ち上がらずに知ろうとする」と書いている。われらが「偉大なるクマ」なら、精神現象の本質は、外界から切りはなされたら、よくても無意味なもの、わるければ重大なまちがいを引き起こすものになると考えたはずだ。

プーとはちみつのつぼ

自民族中心主義の汚名をまぬがれたいとどんなに望んだところで、プーがイギリスのクマであることは否定できない。だから、ことばはすべて経験によって検証されなければいけないというイギリスの経験主義の伝統をプーが全面的に支持していてもあたりまえだ。ここで、経験主義的な方法を示す最高の例をひとつお目にかけよう。プーは、はちみつのつぼに入っているのははちみつであってほかの何ものでもない、という仮定を調査し、最終的に確認するのにその経験主義のやり方にしたがっている。

プーはいえに帰るとすぐに食べものがしまってあるところへいきました。そしていすの上にたつと、いちばん上のたなからとても大きなはちみつのつぼをおろしました。そこには「はちみち」と書いてありましたが、確認のためにプーはつぼのふたの紙をとって、中を見ました。それははちみつのように見えました。「でも、これじゃわからないさ。おじさんは、昔これとそっくりな色をしたチーズを見たことがあるって言ってたからな」と、プーは言いました。そこで、プーは舌をだすと、ペロリとひとなめしました。「はちみつだ」とプーは言いました。「まちがいない。たぶん、このつぼの下までぜんぶはちみつだろう。でもつぼの下のほうにだれかがふざけてチーズを入れたかもしれない。だから、もうちょっとなめてみたほうがいいな……そんなことがあるといけないからね……ああ！」そして、プーはふかいためいきをひとつつきました。「やっぱり思ったとおりだった。下までぜんぶはちみつだ」

結論にいたるまでのこの慎重な段取りはどうだ。まず、たなのところへ行く、そこには――ほかの証拠からもわかるが――はちみつがしまってある。だから、そこにあるつぼがはちみつのつぼだという可能性はある程度最初からあった。しかし、哲学的精神にとっては、その可能性の程度はぐっと低くなる。以前ははちみつのつぼだった、が、いまはからっぽのつぼになっているかもしれない、または、別のものが入ったつぼになっているかもしれない。あるいは、それは最初からはちみつのつぼではなかったかもしれないのに、どこから見てもそれははちみつのつぼだったから、プーはまちがってそれをはちみつのたなにおいてしまったのかもしれない。

プー物語を最後のほうまで読んでみると、カンガがプーの家をかたづけようとして――実際カンガはクフロの家をかたづけようとしたことがあるから――はちみつではないつぼをはちみつのたなに置いたとも考えられる。しかし、ここではこのカンガの説は取り下げるべきだ、というのも、カンガとルーがこの森へやってきたのはこのはちみつのつぼの実験がおこなわれてからずっとあとのことだからだ。そのほか考えられる説もちょっとおいておいて、プーの調査にもどるとしよう。

たなからつぼをとると、プーはラベルを見る。そこには「はちみち」と書いてある。「はちみち」のつづりがふつうの書きかたとちがうことには目をつぶろう。哲学者ではあっても、プーは学者ぶったりしない。それに、プーはWS（「うっかりスペル」）の創始者でも

あるんだ。ここでのプーの関心は、ことばの古くからの正しい書きかたじゃなくて、ことばとそれがあらわすものの関係に向けられている。言いかえれば、つぼの中身はつぼに書いてある名前と一致するのか？　ということだ。

　プーはふたをとって中を見る。ちゃんとはちみつのように見える、が、こんな見た目だけの証拠でプーが満足するはずはない。あらゆる哲学者のようにプーも、見た目は人をあざむくということを知っている。そこで次にプーは味わってみる。味をみて、見た目とラベルが合っていることを確認する。ここで忘れてならないのは、はちみつの味――そして舌ざわり――にかんしてプー以上のエキスパートはいない、ということだ。

　見た目も味もはちみつに似ているけれど、たとえば、化学的分析をしたらまったくちがう物質だったということもありえるじゃないか、と反論する批判的な読者もいるかもしれない。これは直観的にありえそうもないから、この反論は却下してもいいだろう。プーの世界はＳＦの世界でもなければ、食品工学の世界でもないんだから。

　プーのたてる仮説はいつも否定にさらされていることにも目を向けてほしい。実験によって仮説はくずされるかもしれない。つまり、プーはサー・カール・ポパーが出した必要条件を徹底的にみたしているということだ。「ある理論の科学性の基準は、反証可能性、または反駁可能性、またはテスト可能性に求めるべきである」（傍点サー・カール・ポパー）。

では次に、はちみつ確認の一件が出てくる章の全体を見てみよう。第五章「コブタがゾゾに会うお話」だ。

まず、クリストファー・ロビンがゾゾを見たんだ、と話しはじめる。するとコブタは、ぼくも前に見たよ、と言うが、そのあとで、「見たような気がするんだ。でも、ゾゾじゃなかったかもしれない」と付け足す。

そこで、まっさきに考えるべき重要なことばが当然のことながら、やはりプーの口から出てくる。「『ぼくもだよ』と言って、プーはゾゾってどんなものだろうと考えました」

プーのこのことばを聞いて、まず考えられることは、プーが何に対して「ぼくも」と言ったかだ。せっかちな人は――もしかしたらすでにかなり多くの人がそうしたかもしれないが――プーはただみんなと一緒になって、ぼくもゾゾを見たよと言っているだけだという結論に飛びついてしまうんじゃないだろうか。その解釈はどう見てもあさはかだ。だいたい、ゾゾってどんなものだろうと考えていたということとあきらかに矛盾する。この解釈だと、プーは無意味なこと、あるいはうそを言ったと言っているようなものだ（もし、ゾゾがどんなものかを知らないなら、見たことがあるなんてプーに言えるわけがない）。これはぼくたちの知っているプーの本質と一致しないから、もう少し深く読まねばならない。

といっても、そんなに奥深くまで見る必要はない。こたえはあやふやなコブタのことばの中にある。まずはそのことばを三つの命題に分けてみよう。

1　コブタはまえにゾゾを見た。
2　コブタはゾゾを見たような気がしている。
3　たぶんコブタの見たものはゾゾではない。

プーはこの三つを合わせた結論にたいして「ぼくも」と言ったんだ。プーはゾゾを見た経験があるかもしれないしないかもしれないという経験を自分もしたと想像して、頭の中で実験をしてみている。こういう状況であれば、ゾゾってどんなものだろうという疑問も当然プーにはわいてくる。ゾゾがどんなものかわからなければ、見たことがあるかどうかだってわかるはずないのだから。

この会話をかわしたあとで、コブタとプーは家に帰って行くが、そのとき二人は「飛び石をふたりでたすけあいながらわたって行き……あれこれたのしそうにはなしはじめました。そして、コブタが『ぼくの言いたいことわかるよね』と言うと、プーは、『うん、ぼくもちょうどそう思ってたんだ』と言いました」

ここでミルンがぼくたちに教えようとしているのは、会話の内容についてではない。だから、わざわざ関係のない話題を持ってきて、いちばん重要なことからぼくたち読者の気がそれるようなことはしていない。ミルンがここで教えてくれたのは、プーの教え方――教育的方法論と言ったほうが、わかる人もいるだろう――だ。

この章を読み進んでいくうちにはっきりしてくることだが、プーは経験をつんだ先生がよく使うあのやり方――生徒をうまくのせて学習に積極的に参加させ、自分なりの発見をさせ、さらには、自分のほうこそ先生に教えてあげているんだという気分にまでもさせるやり方――を使っている。飛び石をたすけ合ってわたって行くという表現は、あきらかにおたがいに協力し合って知的問題を解決することの比喩であり、その後の二人の会話から、ここでの問題は哲学的なものだということがわかる。

六本松のところまできたとき、プーは重大な発表をする。「そうだ、ゾゾをつかまえよう」つまり、プーはゾゾの問題についてのコブタの考えをはっきりさせようとしているんだ。

こう発表した後、プーはさらに質問や提案をさせようと、コブタを励まし続ける。まず、落とし穴をつくらなければならないから、「そのためにはコブタ、コブタくん、きみがてつだってくれなくちゃ」（傍点筆者）と言って、コブタに自信をつけさせる。

プーの自信ありげな計画は少々風変わりだが、単純だ。まず、深い穴――原文では深い穴になっているからかなり大きい穴——を掘っておく、するとゾゾがやってきて、雨がふるかなあと思って上を見る、あるいは、雨がやむかなあと思って上を見る、そして足元に気がつかずに穴に落ちてしまう。これはあきらかに非現実的な計画だ。これまでせっかちで批判的な読者をたびたび非難してきたが、ここでもまた、かれらが見当ちがいのヤジをとばすんじゃないかという気がする。

賢明な読者なら、この計画に評価を下すのは待ってくれるだろう。頼みのつなは「ゾゾはめったにつかまらないんだ」というプーのことばだ。

次の実験段階に入る前に、プーはかっこつき(ひとりごとということ)だが、おもしろいことを言う。「すごく頭のいい人ならゾゾをつかまえられるって、コブタは思ってるんだ」。プーが言ったことや、プーについて言われたことを絶対視してはいけないといつも肝に銘じておけば、このことばはおおいに唯物論的な立場をしめしていることになる。その立場は、のちにパトリシア・スミス・チャーチランドがあのすぐれた著書、『ニューロフィロソフィ——精神と頭脳の統一科学に向かって』(一九八六)の中でくわしく説明しているようなものだろう。

プーは、プーをつかまえるならコブタはどんなエサを使うかとさらに質問を続ける。コブタはいかにも善良でコツコツ型の生徒らしく、自分ならはちみつを使うとこたえる。

ここでまたあの経験主義の原理にみごとにマッチしたはちみつのつぼが思い当たるが、その

話はもう検討済みだ。その後プーとコブタがたどった経過を簡単にまとめておく。プーははちみつを持ってくる――が、プーの良心的実験によって少し減っている。コブタがそのつぼを穴の底に置き、二人はそれぞれの家に帰る。

その晩は二人ともよく眠れない。プーの眠りをさまたげたのは空腹で、プーはとうとう穴まで行ってのこっていたはちみつをぜんぶ食べようと、頭をつぼの中につっこんで抜けなくなる。コブタが熟睡できなかった原因は、おそろしくどうもうなゾゾの悪夢だった。ここで先へ進む前に、ミルンがコブタの精神状態を言いあらわすのに使ったことばをちょっと考えてみなければいけない――いや、正確に言うと、味わってみなければいけない。

コブタの頭の中でジグジっていたのは「ゾゾ」ということばでした。

「ジグジる」。このときのコブタの精神状態をあらわすのにこれ以上ぴったりなことばを創り出せる哲学者や心理学者がいただろうか？　この短いひとことにこめられているいくつもの意味をちょっと考えてみてもらいたい。「ジグ」は自分ではどうにもならない睡眠中のいろいろな考えが頭の中でジグ・ダンスを踊っている様子を示している。しかし、「ジグ」には「切削工具を正しい位置に導く装置・治具《じぐ》」という意味もある（『チェンバー二〇世紀辞典』）。つま

り、ジグは頭脳の配線の一部、少なくとも思考の進行を導くものとなる。ところが、「ジグジる」となると、――ウィリアム・エンプソンの『あいまいの七つの型』をよく知る人ならわかるように――思考の進行がうまくいかないことを連想させる「しくじる」がほのめかされるために、このせっかくの「導く装置」という意味は打ち消されてしまう。

コブタはゾゾのことを不安げに自問するが、それも、「偉大なるクマ」との長いつき合いのおかげだ。コブタの自問は体系だって進歩していく。最初は一般的な問い（「ゾゾってどんなものだろう?」）だったのに、しだいにゾゾの特徴についての問い（「ゾゾはくちぶえをふくと来るのかな?」「どうやって来るんだろう?」）になり、さらにはブタというものに対してのゾゾの態度についての問いになるが、そのブタの種類も限定されてきて、最後には、「トレスパサーズ（ハイルベカラズ）・ウィリアムという名まえのおじいさんがいるコブタ」に対するゾゾの態度というところまで考えがしぼられる。

ところがコブタはこうした疑問のこたえがわからないので、落とし穴まで行ってゾゾがつかまったかどうか見てみようと決心する。マッギン・タイプの机上哲学（あるいはベッド上哲学）は優雅だけれど中身がないのに対して、現場主義の探究はほんとうのこたえをつかめるということに注目してもらいたい。コブタにだってこのことがわかったんだ。

そこでコブタが見たものは、もちろん、つぼに頭をつっこんでいるプーだ。このばけものにおそれおののいて、コブタはクリストファー・ロビンのもとへ逃げて行く。それから、こんどは二人で真実を見きわめに出かける。

コブタは自分のばかさかげんがわかるとがっくりし、家に走り帰ると、頭痛をかかえてベッドにもぐりこんでしまう。コブタには気の毒だが、コブタのこの反応によって、コブタはあまりにも感じやすいから実験主義者の人生にはつきものの期待はずれに耐えられないのではないかという疑念が確実なものとなってしまった。プーとコブタのちがいはどうだろう？　プーはそのあとクリストファー・ロビンとあさごはんを食べに行く。そこでクリストファー・ロビンに「ねえ、プー！　ぼくはきみが大好きだ！」と言われて、「ぼくもだよ」とこたえる。「ぼくもだよ」というプーの返事はこの章の最後におかれているから特に強調されているが、これはまた、プーがゾゾの実験の結末に満足していることもあらわしている。

しかし、この「満足」には説明がいりそうだ。異議を申したてる人がいるかもしれないからだ。なんといっても、この計画の目的はゾゾをつかまえることだった。それが、つかまえるのに失敗しただけじゃなく、コブタはぞっとしたりがっくりしたりしたし、プーだっていやな思いをしたり笑いものになるようなことになったりした。つまり、計画は大失敗だったじゃないか、というわけだ。

ここまで気をつけて読んできていればわかるはずだが、プーは自分のしていることをちゃんとわかっている。だからこのゾゾ捕獲計画のエピソードも、大切な教えを三つも伝えたという点では、失敗どころか大成功だったのだ。

1　注意深くて抜け目ない読者なら、最初のところに肝心な警告があったことに気づいただろう。この章の冒頭で、ゾゾの話をしているとき、クリストファー・ロビンは「ゾゾっていうのはあんまり見かけないんだ」と言う。このことばをうけて……

「いまは見ないんだね」とコブタが言いました。
「この時期には見ないんだよ」とプーが言いました。

もしコブタがこのプーのことばを十分に理解して、そしておぼえていれば、あんなに苦しむことにはならなかっただろうに！　もしゾゾがいまの時期には見られないものだとするならば、ゾゾのすみかを知るてがかりもないのにつかまえようだなんて、控えめに言っても、その計画はあやしいということになる。それに、ゾゾの姿をよく知らないから見たことがあるかどうかもわからない、となると、さらにあやしくなる。

コブタが直観でつかみかけたあやふやな真実を、プーは確かなものにしようと最善をつくしてこう言いたした。「この時期には見ないんだよ」。つまり、ゾゾを見たいというのは季節はずれの望みであることをいちばんわかりやすく言ってあげたんだ、季節はずれの奇説であることを。

帰りみちで楽しい哲学的な会話をしているうちに、プーにはある希望がわいてきた。この小さな生徒（コブタ）はここまで進歩したのだから、ゾゾをつかまえることにしたと言って、ひとつ、ためしてみよう、と。

これ以上は言わなくても、プーが何を望んでいたのかはわからなくてはいけない。プーは、いくら自分のことを尊敬していても、こんなにあやしい計画には疑いを持ってほしいと望んだんだ。これは最重要ポイントだから、その後どうなったかを作者ははっきりと教えてくれている。

> プーは「そうだ、ゾゾをつかまえよう」と何回かうなずきながら言うと、コブタが「どうやって？」とか、「プー、そんなことできっこないよ！」とか、こちらの助けになりそうなことを言ってくれないかなあと思っていました。でも、コブタはなにも言いませんでした。

これではっきりした。プーはコブタが疑いの気持ちを抱いて「どうやって」と聞くか、反論して「できっこないよ！」と言ってくれるのを望んでいたんだ。なのに、ここでプーが得たものは沈黙だけだった。コブタがなにも言わなかった理由は、このいきあたりばったりの非現実的な計画を真《ま》に受けて、どうしてこんないい計画を自分のほうから持ち出せなかったのかとくやみ、がっくりしてしまったからだ。ぼくたちにはそれがわかるが、教師特有の思いやりが先行してしまったプーにはそれがわからなかった。どうやったらコブタにこの計画の愚かさをわからせることができるだろうか？　プーはすぐにその唯一の方法を思いついた。計画をちくいち実行してみせればいいんだ。

さっきも言ったとおり、プーが考案したゾゾのわなには少々風変わりなところがあったが、あの時点でわなに評価を下すのは待ってもらった。しかし、ここにきて、すべてがはっきりした。いまの分析にてらしてみればあきらかだが、プーは現実的なゾゾをつかまえるための現実的なわなをつくろうとしていたんじゃない。コブタがこの方法の愚かさに気づいて、この目的の非現実性を理解してくれることを希望しつつ――この希望はすでにうすれてはいるが――実験装置を組み立てるふりをしただけなんだ。

よい教師はみなそうだが、プーもまた自分の教え子の知性を過大評価していたから、最初に考えていた以上の現実をコブタに見せる過程をたどることになってしまった。そして、ついには成功した。コブタは自分の愚かさを悟った。少なくとも、コブタはもう二度とゾゾをつかまえようとしないだろうとぼくたちには確信できる。それほどの確信にはいたらないが、今後コブタが、目的や手段の構想がはっきりしていない計画にはのらないだろうという期待は持てそうだ。

2　ゾゾのエピソードから学びとれる二つめの貴重な教えは1の結末から引き出せる。

この話からは、なにもかもが失敗という実験はないという重要な真実に確信が持てる。「実験に失敗した」というのはふつうは立証できると思っていた仮説が立証できなかったときに言うことばだ。この意味での「失敗」というのは仮説か実験のどちらか一方に欠点があったということだ。どんなに期待はずれの結果になったとしても、経験からなにかを得ることはできるんだ、ちょうど、コブタが自分の経験からなにかを得たように。第二の教えはもうこれで十分だろう。次の教えはそう簡単なものじゃない。

3　これまでのところ、ゾゾは実在の形あるもので、原則的にはなんらかのわなでつかまえることができるもの、と仮定してきた。ここでこの仮定が正しいかどうかを考えなくてはいけない。では、何を根拠に正否を判断しようか？

ゾゾが実在するという唯一の証拠は、第五章の冒頭の三つの供述にある。

1　クリストファー・ロビンはその日ゾゾを見たと言った。
2　コブタは前にゾゾを見たと言った。
3　プーはゾゾを見たと言った。

まず、複数の、一見独立した人物が、同じひとつのものを目撃しているということで、これは確かな話だと考えてしまう。さらに、その目撃者の数が3となるとなおさらである。自分のことをどんなに合理的な人間だと思っていても、「3」は神秘的な数字だという古い迷信をすっかりぬぐいさることはできない。ルイス・キャロルの詩『スナーク狩り』に登場するベルマンも「わしが三度言ったことは真実だ」と言っている。しかも、その三度のくりかえしの出どころがそれぞれちがうとなると、いよいよぼくたちの信じやすい心にはもっともらしく響いてしまう。

しかし、それでもこれが信じやすい心のなせるわざだということはすぐにでもお目にかけよう。まず、この三人の目撃者は本当の意味で独立しているのか？　注意深く読んでみれば、そうでないことはすぐにわかる。コブタはクリストファー・ロビンをオーバーなくらい尊敬しているから、クリストファー・ロビンに何か言われると、自分もすぐその気になって話をする、というのはもう証明済みだ。ここでもコブタはただクリストファー・ロビンのことばにしたがっているだけなんだ。それも、いままで見てきたように、コブタらしいうじうじしたあやふやな態度で。同じく証明済みのことだが、プーのことばも、ただ頭の中での実験にすぎず、本来あるはずの現実世界のものとのかかわりはない。

となると、残るのはクリストファー・ロビンが言った、何のうらづけもないことばだけだ。ゾゾを目撃したという証言はこれしかないから、細心の注意をはらってこのことばを検討していかなければならない。この重要証言は、いったいどういう状況で発言されたのだろう？　それは、クリストファー・ロビンとプーとコブタが「三人でいっしょに話をしている」ときのことだった。この状況だと、科学的に正しいことを実証してみせるより、仲間をあっと言わせることを言いたいと思うのが人情だろう。

これだけでは推測の域を出ないが、次に書かれた作者の情報が確証となる。「クリストファー・ロビンは口いっぱいにほおばっていたものを食べおえて」そう言ったんだ。知性にやや欠けているとしても、クリストファー・ロビンはちゃんとした家庭で育っているから、ものをほおばって話すようなことはしない。実は、「北極とんけん」では「ほおばって」話をしたこともあるのだが、あれは生死をかけた探検家の姿であって、あのときのかれは日ごろ縛りつけられている文明社会の因習とは無縁だった。しかし、このゾゾの場面では、ほかの二人が発言を続けている間、クリストファー・ロビンは口にものが入っていて話ができなかった、だから、かれには会話の主導権をとりもどすための特別な手立てが必要だった。目を見はるような経験談を話すこと以上にいい方法はあるだろうか？

まだそんなばかなと思っている人もいるだろうが、どんなに頑固な懐疑主義者だって、ミルンがクリストファー・ロビンのことばにつけたこの修飾語の破壊的な力強さは認めざるをえないだろう。「ぞんざいに」。そうなんだ。クリストファー・ロビンは「『ねえ、コブタ、ぼくきょうゾゾを見たんだ』とぞんざいに言いました」（傍点筆者）。コブタのすぐその気になる性質についてはもう話してあるが、そこから考えると、どうしてクリストファー・ロビンがわざわざ名指しでコブタに話しかけたのかもわかる。

この状況で使われた「ぞんざいに」が、クリストファー・ロビンの話し方を説明しているだけじゃなく、話している内容にもあてはまることはまちがいない。ミルンはクリストファー・ロビンの言ったことをうのみにしないでくれとはっきり警告しているんだ。

さて、こうしてすっかり状況がわかってみれば、あとの説明は簡単だ。まず、魅力的だけど無意味な解釈がひとつ却下できる。プー研究家のなかには、ＷＳ（「うっかりスペル」）のことを思い出して、ゾゾ（Heffalump）がゾウ（Elephant）のＷＳによる変形だと言う人もいるだろう。このうさんくさい仮説の証拠として、プーとコブタがゾゾの夢を見ている場面のさし絵にゾウの絵が描かれている事実を持ち出してくるにちがいない。

ところで、このWSはプー物語の要所要所でたいへん重要な役割をはたしている。しかし、このゾゾの場面ではWSはまったく関係ない。その理由は以下のとおりだ。

1　定義によると、「うっかりスペル」とは、書きことばの場合にしか適用されない。話しことばへの適用は正当ではない。

2　クリストファー・ロビンは、目撃したゾゾについてほとんどなにも説明していないが、それがゾウでないことを決定づけるこまかい特徴をひとつだけ話している。かれの話によると、ゾゾは「ドタンバタンと歩き回る」（傍点筆者）そうだ。ところが、ゾウというのは、からだは大きいが、その足取りは驚くほど優雅だ。「ゾウのように歩く」と言えば、昔は――おそらくいまでも――タイの貴婦人に対する最高のほめことばだ。つまり、クリストファー・ロビンがなんと言おうと、ゾゾは絶対にゾウではない。

3　E・H・シェパードの二枚のゾウの絵の解釈はそう簡単にはかたづかない。哲学書を説明するのにさし絵を持ち出すのは不当だという意見はいかにも出そうな意見だが、ここでそれを認めるわけにはいかない。シェパードのさし絵はこの本にはなくてはならないものだから、これを無造作に却下することはできない。プーとコブタがゾゾの夢を見ているときのさし絵にシェパードがゾウを描いたのには、それなりの理由がある。その理由というのは、イギリス経験主義哲学における、ある偉大な人物の思想を描いたということだ。

もちろん、それは哲学者バークリー司教のことだ。

バークリー司教（一六八五―一七五三）

バークリーは一風かわった経験主義者だった。ロックの説だと人の知識は経験と経験の反省に基づくものであり、経験は外界の経験であった。一方、バークリーの説では、確実な経験は頭の中の観念を経験することだけとなる。外界を「知る」ことは、外界を知覚することにすぎない。よく引用されるバークリーのことばに、「存在するということは、知覚されること」ということばがある。最後までぜんぶ言うと、「存在するということは、知覚されること、あるいは、知覚することである」となる。（バークリーの原文はラテン語で、'Esse est aut percipi aut percipere' となっている。）

この説にしたがうと、もし部屋の中に知覚する人がだれもいないとしたら、その部屋にあるものはどうなるのか、という問題が出てくる。たとえば、テーブルは人がいなくなると消えて、だれかが入って来るとまたあらわれるのか？　これは説得力のない説だ――専門用語で言うと、直観的にありえない。では、もし部屋の中にだれもいないときでもテーブルが存在しつづけるとしたら、バークリーの哲学はすべて切り捨てられてしまうことになるのか？

バークリー自身はこんなことは問題視していなかった。かれは司教だったのだ。当時、司教といえば、みな神の存在を信じていた。ということは、見る人がだれもいなくても、いつでもどこにでも神はいて、すべてを見ている。だから、物は存在しつづけるというわけだ。このようなバークリー式の解決法は、次にあげる五行戯詩とその続編にうまく要約されている。まず、最初の五行戯詩の方は、ウイットのある聖職者で、探偵小説の作家で、聖書の翻訳者でもあるロナルド・ノックスが作ったものだ。

昔　むかし　ある若者が言いました
「神様もおかしいと思うはずだ
　この木がずっと
存在しているなんて
だって中庭にだれもいないのだから」

これに匿名のだれかがこたえる。

もしもし　あなたが驚くのはおかしい
中庭にはいつも私がいるのです
　だから木はずっと
　　存在しているのです
だって神が見ているのですよ　お元気で

バークリーの哲学を頭にいれて、もういちど、さっきの問題を考えてみよう。どうしてシェパードはゾゾではなくて、ゾウの絵を描いたのか？　こたえはこうだ。シェパードは想像上においてさえもゾゾを見ることができなかったから、ゾゾを描くことができなかったんだ。シェパードだけじゃない。コブタだって、プーだって——そしてほかのみんなだってそうだ。ゾゾはだれにも知覚することができない、つまり、ゾゾは存在しえない、ということだ。

ゾゾのエピソードにまつわる四つめの、そして最後の教えを話そう。ゾゾは哲学的真実の象徴だと言えそうだ。めったに見られないもので、認識しがたいもので、「まず……つかまえられない」ものなんだから。落とし穴の底でつかまえようということは、もとをただせば、「真実は井戸の底にある」ということわざのバリエーションのひとつなんだ。

このバリエーションはただ単に、斬新さをめざしただけのものではない。ミルンのたとえ話には、また別の大切な意味がある。穴というわなは、真実の探究には落とし穴があるぞということを思い出させてくれる。だからこそ、いままで何人もの哲学者が先輩哲学者や仲間をあざわらってきたのだ。

ゾゾの落とし穴によく似たたとえを使って、こう言った人もいる。「真実をさぐる哲学の探究は、くらやみの中でいないかもしれない黒ねこをさがすのに似ている」(F・H・ブラッドリー、一八四六―一九二四)。

デヴィッド・ヒューム（一七一一―七六）

さっきの話の具体例をあげると、ここでとりあげる哲学者ほど同業者仲間を徹底的に批判した哲学者はまずいない。破壊的批評家としてのかれのライバルと言えるのは、かれに心酔していた人のひとり、アルフレッド・エイヤー（一九一〇―八九）くらいのものだ。エイヤーによれば、ヒュームは「わたしが考えられるかぎりのイギリス最高の哲学者」だそうだ。ヒュームがその著書『人間知性研究』の最後に語っていることばは有名で、よくひきあいに出される。

まず本を一冊手にとる、それは、神学の本でも形而上学の教科書でもなんでもいい。そして、こう質問するのだ。「ここには量、または、数に関する抽象的推理はあるか？」いいえ。「では、事実や存在の問題に関する実験的推理はあるか？」いいえ。そんな本は炎にくべてしまえ。そこにあるのは詭弁《きべん》と幻想だけだ。

では、ヒュームの実験を厳密に実行してみよう。

1　『クマのプーさん』と『プー横町にたった家』を手にとる。

2　ヒュームの指示にしたがって、まず、この二冊の本で量や数に関する抽象的推理がされているか、次に、事実や存在にかんする実験的推理がされているかを考えてみる。この二つの質問には自信をもって、胸をはってこたえられる。「はい」

『クマのプーさん』と『プー横町にたった家』に見られる実験的推理

まず、二つめの質問から考えよう。というのは、そのこたえのほとんどはいままでのページに出ているからだ。だからここでは、はちみつのつぼの中身と量にかんするプーの調査と、ハチの行動にかんするプーの調査、それから「ゾゾ」というのは外界では実体のない名まえだけのものだというプーの証明を思いかえすだけでいい。

しかし、プーがまちがいなくヒューム主義者であると言うために、ものごとの事実と存在を実験によって判断していく例をあと三つ思い出すことにしよう。

どんなにいいかげんなクマ学研究者でも、大洪水がおきて一時的にみんなが孤島の住人になってしまった事件は記憶しているはずだ。あのとき、コブタがビンに入れて流したメッセージ――正確にはミッセージ――をうけとったプーは、そのミッセージを解読できる「もっと頭のいい人」のところに行くために、水上交通の手段を考え出さなければならなくなった。

ちょっと考えて、プーはこう言った。「ビンが浮くなら、つぼだって浮くかもしれない。つぼが浮いたら、その上にのれるかもしれない、そうさ、大きなつぼなら」。プーは考えたとおりに行動し、自家製の「浮かぶクマ号」にのって、まもなくクリストファー・ロビンのところへ到着した。

こうしてプーは、現実問題に対する仮説的演繹方法の例を手短に、しかしみごとに見せてくれている。この方法での第一段階は仮説をたてることだが、この場合、仮説から引き出せるはずの結果は先に出ていた。というのは、プーがまずたてた仮説はビンが浮くというものだったからだ。ここからぼくたちは、——条件さえそろえば——ビンは浮くものだという結論が引き出せるんだが、この結論はもうすでに出ていた。ビンは浮いてプーのもとへ流れてきたのだから。次にやることは、第一段階でたてた仮説からあたらしく実験的推論を引き出すことだが、この推論は立証、あるいは反証のできるものでなければいけない。プーの推論は、(1)つぼも浮くかもしれない、(2)大きいつぼならその上にのれるかもしれない、という二点だ。それからプーはこの二つの推論が立証されるか、反証されるかを試してみる。ここでもう一度言うが、この「偉大なるクマ」は、サー・カール・ポパーの反証可能という規準を使う。つまり、プーは自分でたてた説がまちがっていることを証明するための実験をする。

抜け目がなく、洞察力のある読者ならお気づきだろうが、実験者としてのプーの話で強調されていることは、仮説というのはうまく立証されるにしても成功までにはいろいろと挫折をのりこえているものだという事実だ。つぼの上でうまくバランスがとれる姿勢におちつくまでに、プーは「ひとつふたつちがう姿勢」を試してみなければならなかったとミルンは簡潔に言っている。

プーの仮説が正しいと立証されて、クリストファー・ロビンのもとへ到着すると、こんどはふたり一緒にコブタのところへ行くためのもっと大きなボートが必要となる。プーはクリストファー・ロビンのかさをひっくりかえしてボートにすればいいよと言って、この問題をすぐにかたづけた。

うかつな読者がとびつく結論はこうだ。さかさまにしたかさはぐらぐらしていた——プーは水の中にほうり出された——から、最初の仮説には訂正が必要ということになる。しかし、これは仮説の内容を正確に覚えていない証拠だ。『ぼくたちきみのかさにのって行けばいいよ』とプーは言いました」。よく見てくれ、「ぼくたち」であって、「ぼく」じゃない。ミルンもこれ以上ないほどはっきりと語ってくれている。

「そこで、ふたりはいっしょにボートにのり、ボートはもうぐらぐらしませんでした」。これでプーの推論通りになった。

　これまでなんどもクリストファー・ロビンがわかっていないと批判してきたが、嬉しいことに今回のかれは、ちゃんとプーを評価している。その最初の証拠はクリストファー・ロビンが「浮かぶクマ号」をほめたときに見られる。「そのボートを見れば見るほど、プーはなんて勇敢で頭のいいクマなんだろうとクリストファー・ロビンには思えました」。ぐらぐらしなくなったさかさかさのボートにのったときに、クリストファー・ロビンのこの心の中の賛辞は外に出た。「このボートは『天才プー号』ってなまえにしよう」

　クリストファー・ロビンでさえ、一度だけとはいえ自己の限界をこえることができたっていうなら、ぼくたちにだって少なくとも一度はできるってことだ。

　実験的推理の第三の例には、ちょっとびっくりするかもしれない。ふつうの状態だとトラーが科学的方法のお手本として人の心をうつことはないが、ひとつだけ、わかりやすくて上品なお手本を見せてくれているところがある。初登場のとき、トラーは（食べものは）なんでも好きなんだという仮説を提示した。トラーはこの仮説を、はちみつ、トングリ、アザミと次々に実験していく。そして、実験は次々と最初の仮説をうちくだいていった。真《しん》に科学的な精神において、トラーは自分の仮説をたてかえつづけて、ついに、ルーの「麦芽エキス」をなめてみて、「これがトラーのいちばん好きなものだ」と言うことができたのだ。

『プー』に見る数学的推理

では次に、ヒュームのもうひとつの質問を考えるとしよう。「ここ（哲学的な本）には量、または、数に関する抽象的推理はあるか？」これに対するこたえはあまりはっきり出せない。なるほど、プーはウサギとコブタに「『にば・い』っていうものがあるんだ」と話している――これは、「2・倍」のWS（「うっかりスペル」）と考えていいだろう。しかし、これを数に関する抽象的推理をあらわしているいい例だとは言えない。それに、ミルンがクリストファー・ロビンに「107×9は？」と質問しているのもあまり参考にならない。また、クリストファー・ロビン自身が「因数っていうもの」の話をしているが、これも代数にかんするはっきりとした理解を示しているわけではない。

量にかんする発言もたくさんあるが、つぼの中のはちみつの量とか、ウサギの家のドアに対するプーの大きさとか、具体的なものばかりだ。

しかし、ほんの少し考えてみれば、ヒュームのこの質問に対する「イエス」のこたえは見つかる。しかも二つも。ひとつめのこたえを見つけるには、表向きは子供の本という形式の中に、哲学的観念をもりこむというミルンの策略を思い起こすだけでいい（現代でのこれと同じ例は、

SF小説の形式で自分の観念を表現したダニエル・C・デネット教授だ）。二つめのこたえは、ミルンが「数学とは経験したいくつもの事実を抽象化したものだ」と言ったジョン・スチュアート・ミルの考えを描いていることからわかる。

ミルの数学理論の話は次の章ですることとして、ここではひとつめのこたえの意味に注目しよう。この意味をつきつめていくと、この一見単純で子供じみた物語にかくされている数学的な抽象を見つけられるかもしれない。もちろん、これこそぼくたちの発見するものだ。ウサギの友人・しんせき一同の説明からえた情報は、数学の中でも最難関のひとつである集合論をみごとに示している。しかし、集合論は特にバートランド・ラッセルと関係が深いから、これをこまかく調べるのも、やはり次の章にゆずるとしよう。

ぼくたちが調査しているこの偉大なる作品がヒューム的にも解釈できるんだという証明はこれで十分だろう。しかし、まだ先がある。「偉大なるクマ」は、まったく新しい数学の概念を発表しているんだ。ぼくらの知識の限りをつくしても、まだまだ測りつくせない概念だ。この一節をみてほしい。

「ぼくは知りたいだけなんだ……いつも考えていられるように。『はちみつのつぼはまだ一四ある』ってね。あれっ、一五だったかな？　そうなんだ、あんしんできる数だけあるってことさ」

ここにはいままでにはなかった概念があり、もしそれが正当に評価されれば、すべての数学的思考はひっくりかえされることになる。現存する数というのは、自然数、有理数、無理数、実数、複素数、代数、超越数、基数、序数。そして、今ここに、「安心数」という数の概念を加えることになる。

安心数という分野が今日まで――『プー横町にたった家』第三章の中で安心数について書かれてから六四年もたっているというのに――まったく研究されていないとは、哲学者も数学者も何をしていたのだろう。

この厳粛な気持ちを抱いたまま、次の章へうつるとしよう。

5

後期経験主義

ミル、ラッセル、エイヤー、

ポパー、ウィトゲンシュタイン

ジョン・スチュアート・ミル（一八〇六―七三）

ジョン・スチュアート・ミルは父ジェイムズ・ミル（一七四八―一八三二）や父の友人ジェレミー・ベンサム（一七四八―一八三二）が唱えた簡素で単純な功利主義を修正したことで有名だ。プーがこのミルの功利主義をどのように解説してくれているかを手短に見ていこうと思うが、まずはミル自身によるミルの数学理論の解説を見てみるとしよう。

『クマのプーさん』第九章でプーは水にかこまれてしまう。これは深刻な事態だと判断したプーはなんとか避難しようと考えた。

プーはいちばん大きいはちみつのつぼをもって水がとどかないくらいたかい木のえだにひなんしました。それから下へおりると、またひとつつぼをもって上へひなんしました……つぼのひなんをぜんぶおえると、プーはえだにこしをおろしました……プーのとなりにははちみつのつぼが一〇こならんでいました……

二日たってもプーはまだそこにいました……プーのとなりにははちみつのつぼが四つならん

でいました……

三日たってもプーはまだそこにいました……プーのとなりにははちみつのつぼがたった一つだけありました……

四日たってもプーはまだそこにいました……

ここにはミルの命題があらわれている。

数はすべてなにかの数である、抽象的なものの数というものはない。

この命題はミルの数学のにかんする徹底した経験主義的理論の土台ともなっている。ヒュームからエイヤーにいたるまでの経験主義者たちは、数学的真実や論理学的真実を経験から得られる真実と区別してきた。論理学的・数学的真実だって経験から学ぶこともあるが、ヒュームやエイヤーによれば、それは経験的真実とは根本的にちがう。どこが根本的にちがうのかというと、論理学的・数学的真実はいったんこうとなると、例外なしにいつもそうなる。ところが、経験的知識は結局は反証の可能性もある形に一般化されてしまう。

しかし、ミルはこのちがいを否定した。ミルは、数学的「真実」も、科学的「真実」と同じように、経験による一般化だと主張した。かれの説によると、唯一のちがいは、数学的命題の方がより確かだという点だけだ。

さてそこで、プーはミルの数学的経験主義に賛成なのだろうか、反対なのだろうか？

プーがいつもの説明的なやり方をかえるとはふつうでも考えられないが、ここでは特に考えられない。数学の哲学というのは、解けなくはなくてもまだ解かれていない問題を従来の理論がつぎつぎと持ち出してくるということで悪名高い分野だ。

だから、ぼくたちはミルの哲学の中でももっとふつうに知られていることにかんしてプーを研究していくとしよう。その研究にはいるまえに、重要なことを二つ言っておこう。まず第一に、ミルはふつう、傑出した功利主義哲学者と思われている。第二に、かれは自分の人生の中でその哲学を綿密に掘りさげていった哲学者でもある。そう、ぼくたちの思っている通り、プーはミルの持つこの二つの面をきちんとあらわしている。

プーはイーヨーに誕生日プレゼントのはちみつのつぼを持って行く途中で、「知らず知らずのうちに」はちみつを食べてしまう。最初はプーもとまどうが、つぼそのものが「便利」だと気づく。フクロとの会話の中で、プーは二回もこのつぼは「便利」なんだと話す。また、イーヨーに向かってもプーが二回、コブタが一回、計三回も「便利」ということばが言われる。

プーがここで示していることは、ミルが唱えた「倫理的基盤としての功利」（傍点筆者）、すなわち最大多数の最大幸福の原則を受け入れる主義」にまちがいない。それを強調するのに「便利」をくりかえし言う以上に効果的な方法はあるだろうか？

「便利なつぼ」のエピソードは功利主義的倫理観の基本をはっきりと示している。しかし、もちろんそれだけではない。観察力の鋭い読者ならきっと「知らず知らずのうちに」にかぎかっこがついていたのを見逃しはしないだろう。観察力もあり、洞察力もある方なら、どうしてかぎかっこがついているのかはもうおわかりのことと思う。

だいたい、自分で気がつかないうちにはちみつを食べてしまっているなんてことがあの「偉大なるクマ」にあると考えることじたいばかげている。（オックスフォードの哲学者、J・L・オースティン流に言うと）プーはわかっていただけじゃなくて、目的があって意図的に食べたんだ。そうすることで、プーはミルが後年展開したさらに綿密な功利主義的倫理観をも示したということになる。二段落まえで、ミルの倫理的基盤となる「最大多数の最大幸福」ということばをあげた。あのことばには次のような文がつづく。

> 行為は幸福を促進するのに比例して正しく、幸福の反対のものを生み出すのに比例して不正である。幸福とは喜びがあり、苦痛がないことである。不幸とは、苦痛であり、喜びがうばわれていることである。

さて、もう何度も言ってきたが、プーに最大の喜びを与えてくれるものははちみつだというのは否定できない事実だ。また、イーヨーの大好物がアザミだということもまぎれもない事実である。だから、もしプーがあそこではちみつを食べるのをがまんしたとしたら、プーは喜びをうばわれた結果、不幸を味わうことになっただろう。プーははちみつを食べることで自分に喜びをあたえたが、それでイーヨーの喜びをうばったわけでもない。あの章の最後でイーヨーが幸福そうなことがなによりの証拠だ。

このエピソードはミルが好みのちがいを指して言った格言の解説にもなっている。「満腹のブタであるより飢えた人でありたい。満腹の愚者であるより飢えたソクラテスでありたい」。ミルのこのことばは、喜びの種類は十人十色だという事実から出てくる問題について討論しているときに語られたものだ。ベンサムはメリットがどれくらいあるかで喜びをランクづけするのはよくない、ピンさし（子供の遊び）だって、子供に喜びを与えるという点では詩と同等なのだ、と言った。

一方、これに対してミルは喜びには質の高いものとそうでないものがあると確信していた。ミルはまた、こうも信じていた。「その両方をひとしく理解し、ひとしく楽しむことができる人たちは、より高い能力を必要とする存在様式を選ぶ」

ぼくたちはもう第二章で、はちみつがもっとも高貴な精神、知性、社会的価値を象徴し、それは永遠に変わらないのだと見てきた。また、アザミには食欲減退の食べものを象徴するという歴史がある。つまり、プーの好物がはちみつで、イーヨーのがアザミだというのは、はちみつは自分に、「便利なつぼ」はイーヨーにと分け与えたプーの判断力を象徴していると同時に、プーの知性がだんぜんすぐれていることの象徴でもある。

イーヨーファンにとってこれは苦痛かもしれない。言っておくが、ぼくたちだってイーヨーのことは大好きだ。ただ、大好きだからといってイーヨーの知性がプーにかなわないという事実に目をつぶるわけにはいかない。

先へ進むまえに、もうひとつだけ、ひとことだけ、イーヨーと功利主義の関係を言わせてほしい。『クマのプーさん』第六章でイーヨーは自分の社会的限界を告白している。自分には「親しみやすくなること……フランス語でいうところのボノム、人がいいこと」がないと自認しているのである。

これまで「偉大なるクマ」にかんする知識をひろめるのに時間をついやしてきたクマ学研究者の人たち――それでかれらにはプーだけにしかわからないプーのなにを知ったというのか?――は、E・C・ベントレーが書いた、短いながら鋭いミルの伝記を思い出すだろう。

ジョン・スチュアート・ミルは
力強い意志の努力により
もってうまれた人のよさを捨て
『経済学原理』を書いた

ここからわかることはなんだろう？　やはり人のよさがないイーヨーをミルの功利主義の本当の代表者と考えることか？　もしそうなら、このベントレーのことばはイーヨーのランクを上げているのか、それとも功利主義のランクを下げているのか？　ぼくたちがいちばん望むことは、読者自身の哲学的探究心をあおることで、探究の道を選んであげることではないから、この興味深い問題に対するこたえは読者におまかせするとしよう。

さてここで、トラーの朝食さがしの話にもどろう。このエピソードのことはもうくわしく話してきた——六三〜六五ページと、一一八—一一九ページ。だから、ここではただトラーの探究が、食べものに対するばくぜんとした望みから始まり、いくつかの食べものを却下していって、最後にいちばん好きなのは麦芽エキスだとわかったということを思い出すだけでいい。

トラーはミルの功利主義のなかでもいちばん最後のいちばん洗練された形のものをあらわしている。初期の単純な形の功利主義には大問題があった。それは功利、または幸福という概念が抽象的すぎることだった。たいていの人は、抽象的な功利とか抽象的な幸福なんかほしいと思わない。ほしいものは、はちみつのつぼとかはちみつをなめるという特定のもの、または経験だ。

ミルはあとでこの初期の功利主義をやきなおして、抽象という問題を解決した。かれの解決法は、喜びや幸福や功利を抽象的にとらえるという一次的な観念だけでなく、そうした抽象的なものに中身と現実を与える二次的な喜びをも考えにいれるというものだった。つまり、トラーの食べものに対する一般化された欲望や「トラーはなんでも好き」というくりかえしの主張は抽象的な喜びや功利などをわかりやすく表現したもので、ついに麦芽エキスにおちついたということはこの抽象的なものに満足のいく現実を与えるという二次的な喜びを表現したものだ。

二〇世紀の経験主義

バートランド・ラッセル（一八七二―一九七〇）

一九世紀の経験主義者としてはミルをあげたが、二〇世紀ではラッセル、初期のウィトゲンシュタイン、そしてエイヤーがあげられる。といっても、ウィトゲンシュタインには「言語哲学」、エイヤーには「論理実証主義」というように、かれらにはそれぞれもっと専門的なレッテルがはられている。しかし、エイヤーはその著書『言語・真実・論理』の第一版の序文の冒頭でこう言っている。「この論文の主眼となる考えはバートランド・ラッセルとウィトゲンシュタインの教義から引き出したものだ。そして、かれらの教義はバークリーやデヴィッド・ヒュームの経験主義の論理的結果である」

バートランド・ラッセルは二〇世紀の哲学者のうちで――少なくとも英語圏では――もっともはばの広い哲学者だろう。厳密に哲学的著書と言えるもののほかに、かれは、教育、性倫理、核戦争問題についても書いたり講演したりした。専門分野では数学・論理哲学と知識論（認識論）において重要な役割をはたした。かれはまた、わかりやすい英語の大家として、哲学の大衆化にもつとめた。

大衆化につとめたほかの哲学者と同じように、ラッセルもまた、厳格さではかれにまさる――そして知性ではかれにおとる――同業者たちからは疑いの目で見られることもあった。しかし、ラッセルに刺激された聴衆のなかにはその後、学問の世界でもんくのつけようのない成功をおさめた人もいる。そのなかの一人、一筋縄ではいかない著名なアメリカの現代哲学者、ウィラード・ヴァン・オーマン・クワインは聴衆の哲学者たちを前にしてこのことを証言した。「わたしの仲間の多くは、ラッセルの本に感化されてこの道にはいりました」。影響力の大きさで言えば、『哲学の諸問題』ほど重要なものはない。これは一九一二年に初めて出版されて以来、大学生の哲学入門書としていまだに推薦される本だ。

ラッセルとプーの類似点ははっきりしている。いまぼくたちがしているのは、「偉大なるクマ」の哲学的知識と理解のはばの広さを手短に描き出すことだ。だから、プー物語にあるラッセルの哲学は多種多様でたくさんあるが、ここではプーが説明しているものからひとつだけをとり出すことにした、集合論である。集合とはその集合の元、つまり要素であるものの集まりということだ。次にあげる五つの文を見てほしい。

1　長い列のいちばんうしろにはウサギの友人・しんせき一同がみんないました。

2　そのいちばん小さい仲間は、カブトムシのアレクサンダーでした。

3　ウサギにはあまりにもおおぜいの友人・しんせきがいて、形や大きさもいろいろだったので、ウサギは（いなくなった）チビちゃんをさがすのに、カシの木のてっぺんを見たらいいのか、キンポウゲの花びらを見たらいいのか、わかりませんでした。

4　チビちゃんはだれかの鼻にこしかけるタイプだったか、それともうっかり踏まれてしまうタイプだったか。

5　チビちゃんのほんとうの名まえは、「とてもチビなカブトムシ」でしたが、それをちぢめてチビちゃんとよばれていました……チビちゃんはクリストファー・ロビンのところへちょっとよりましたが、運動のためにハリエニシダのまわりをまわっていて、はんたいがわから出てくるかと思ったら出てこなかったので、どこにいるのかだれにもわからなくなったのです。

これが絵に描いたような集合論の例でないとしたら、なんだろう？　集合論は数学のなかではもっとも抽象的で難解だということで評判が悪い。ではここで集合Aをこう定義しよう。集合A：ウサギの友人・しんせき一同。すると、あとはこう続く。

集合Aa　メンバーの一人、カブトムシのアレクサンダーを含む。
集合Ab　カシの木のてっぺんにいるウサギの友人・しんせき一同を含む。
集合Ac　キンポウゲの花びらにいるウサギの友人・しんせき一同を含む。
集合Ad　だれかの鼻にこしかけるウサギの友人・しんせき一同を含む。

集合Ａｅ　うっかり踏まれてしまうウサギの友人・しんせき一同を含む。
集合Ａｆ　カブトムシであるウサギの友人・しんせき一同を含む。
集合Ａｆａ　大きいカブトムシであるウサギの友人・しんせき一同を含む。
集合Ａｆｂ　中くらいのカブトムシであるウサギの友人・しんせき一同を含む。
集合Ａｆｃ　小さいカブトムシであるウサギの友人・しんせき一同を含む。
集合Ａｆｃ１　小さいカブトムシであるウサギの友人・しんせき一同を含む。
ただしかれの正式名は「とてもチビなカブトムシ」＝ただし、かれはたいていチビちゃんとよばれる＝ただし、最近ちょっとクリストファー・ロビンのところにいた＝ただし、運動のためにハリエニシダの方へ行った＝ただし、もどってこなかった＝ただし、かれがどこにいるのかだれも知らない。

〈注意〉この集合は集合Ａａと同じく、メンバーの一人（アレクサンダー）を含む。

よくわかっている読者なら気づくだろうが、ミルンの公式にはラッセルのあの有名な逆説がはいっていない。というのはミルンは集合体をそのメンバーによって決定したからで――これはたったいまいやというほどお見せした――特別な条件で決定したのではないからだ。結果的に、ミルンの公式はわりと最近区別された「集合」と「分類」のちがいを示すことにもなった。

分類は、同じ概念を持つものの集まりと定義されるが、集合は、思いついたままにひとつひとつの構成員をあげてできあがったリストのことである。ミルンの例で言うと、さっき示したように、ひとつひとつの構成員をあげた結果、そのメンバーが「とてもチビなカブトムシ」たった一人の集合体であることもある。

これでぼくは、第四章でプーをもっともヒューム的なことばで正当化してみせると言った約束をはたしたわけだ。

サー・アルフレッド・エイヤー（一九一〇—八九）

ここでのエイヤーの位置は「二〇世紀の経験主義」の冒頭（一三三ページ）であげたエイヤー自身の主張によって、経験主義の伝統をひきつぐものということになる。しかし、もっと専門的にみると、エイヤーは論理実証主義と特に関係がある。

論理実証主義であるという証拠は「検証原理」——もっと厳密には「検証可能の原則」——を強調したことだ。

この原則を定義づけるにはいろいろな方法があるが、ぼくたちはそこまでしなくてもいいだろう。いまのぼくたちには検証する方法がある場合にのみことばには意味があるという定義だけで十分だ。数学的ことばと論理的ことばの場合において、論理実証主義がみとめる唯一の検証方法は、(日常的なものでも科学的なものでも)観察、あるいは、整合性だけだ。

経験として観察できる事実と、数学や論理学の同語反復的(トートロジカル)真実との区別が経験主義の伝統にぴったり一致するとお気づきだろうか? 実際問題、この「検証可能の原則」は宗教的なことばと美学的なことばには適用されない。というのは、論理実証主義では、それらは「形而上学的」だから、真実かうそかということではなく、ただ単に無意味であるという理由で却下されてしまっているからだ。

プーがこの「検証可能の原則」を示している例として、再びはちみつのつぼのエピソードをとりあげることにしよう。「ぼくのたなにははちみつのつぼがある」という命題をプーは明言しているのではなくて、暗示しているんだ。プーが自分のたてた命題は意味のある正しいことだという満足をえるのにたどった過程こそ、まさに検証の過程だが、それはもうくりかえさなくてもいいだろう(参照・八八ページ、ジョン・ロックの項目)。プーがここで見せてくれているのは、よく引用される「検証可能の原則」の初期の定義だ——「命題の意味はその検証方法にある」(モーリッツ・シュリック)。「はちみつのつぼがある」という命題は、はちみつを食べるという経験によって検証できる——されるべき——という意見にきっとプーは賛成しただろう。

原型のままの「検証可能の原則」はもう無効になっている。その理由は、ひとつには、この原則が自己矛盾をかかえていたからだ――「検証可能の原則」は経験的なものなのか、それとも同語反復（トートロジー）なのか？――またひとつには、これを定義しようとすると、どうしても言いすぎてしまうか、足りないかになってしまうからだ。同じような問題が反証可能の原則にも関係してくるから、こんどはそっちを見てみよう。

サー・カール・レイマンド・ポパー（一九〇二―一九四）

サー・カール・ポパーは哲学のいろいろな分野に多大な貢献をしてきたが、ここではそのうちの反証可能の原則に的をしぼっていこう。検証可能の原則とちがって、これは命題に意味があるのかないのかを区別しようというものではなく、科学的か非科学的（ポパーの専門用語で言うと「形而上的」）かを区別しようというものだ。ポパーは科学と非科学をどうやって区別しようか考えた。科学的なことばというのはふつう「科学の法則」とよばれるものを一般化するものだ。ところで、経験から得られた一般論が絶対確かとはかぎらない。もちろん、ぼくたちがそういう一般論にたよっていい可能性はひじょうに高い。たとえば、夜になればあしたもまた太陽がのぼると確信して寝る。太陽はまたのぼる。これはぼくたちの経験だけじゃなく、昔の人の経験でもある。それに、天文学的計算が正しいなら、有史以前、いや、人間がこの世に生まれる何十億年もまえから太陽はかならずのぼった。

しかし、経験から主張すること（帰納的主張）にあやまりが多いように、これもあやまりだと証明されるかもしれない。前代未聞の大天災がおきて、太陽はのぼらなくなるかもしれない。それと同じように、どんなにたくさんの実例を出して科学的な法則を支持しても、それをくつがえす事実が発見される可能性は、少ないことはあっても、ゼロということはない。かりに、命題には確実なものなどありえない（確実だという可能性が高いとしても）ということが事実だとしたら、科学的なことと、非科学的なことはどうやったら区別できるんだ？

ポパーのこたえはこうだ。実例をいくつつみかさねたところで、ある理論の証明にはならないが、反対の証拠はその理論を一部だけでも反証することになる。有名なたとえばなしをひとつお聞かせしよう。鳥類学者たちがどんなにたくさんの白い白鳥の数をかぞえあげたところで、「白鳥はみな白い」という命題は証明できない。しかし、黒い白鳥がいるという例をたったひとつでもあげれば、その命題は反証される。

ポパーの考えによると、科学的だと言えるなら、正しくないときには反証できることが原則である。たとえば、ある天文学者がある日ある位置に彗星があらわれると予言したのに、あらわれなかったとしたら、かれの予言は反証可能ということになる。したがって、ポパーの基準から言うと、これは科学的発言ということになる。一方、もしだれかがぼくたちの行動はすべてみどり色の小さな火星人にあやつられているが、その火星人たちは絶対に、永久に、探し出すことはできないとする。つまり、その反証をあげることができないから、これは科学的発言ではない。

プーの態度が実に科学的であることはもう言うまでもないだろう。プーに限らず仲間たちのほとんども同様である。しかし、ポパーの反証可能の原則の例としては――またしても――トラーの朝食さがしがいちばん適当だろう。ここでもう一度、読みなおしてみよう。

（プーに）はちみつは好きかい？　と聞かれてトラーはこうこたえる。「トラーっていうのはなんでも好きなんだ」。ポパーの哲学にしたがって考えると、あらゆる疑問をはねのけてこの命題を立証することはできない。前後関係からみて、ここにある「なんでも」は食べものに限定されるとわかる。しかし、何千何万もの例を試し、実際それを好きだと言っても、まだ試していない食べものが、いや、まだ発明されていない食べものもある可能性は永遠にのこる。しかし、その一方で、トラーが好きじゃない食べものをひとつでもあげれば、この命題の反証になる。

真《しん》に科学的な精神を持ったトラーは自分の言った命題を反証の危機にさらした。そして、実際、最初の実験で反証されてしまう。もし、この最初の実験だけではポパーの哲学を理解できない読者がいるといけないから、トラーはトングリとアザミの実験もやって見せてくれる。プーはトラーの実験の結果を印象的な歌によんでまとめた。

トラーははちみつもトングリもアザミもいや
味もいやだし　トゲもいや
だれかが好きなおいしいものは
みんな味がいやか　トゲがある

最終的に出た結果からわかったことは、「なんでも好きなんだ」どころか、トラーの好きなものは「麦芽エキス」だけだった。しかし、大切なのは、トラーがこの結論にたどりつくまでの道が、真《しん》に科学的過程であったという事実である。

ルードウィッヒ・ウィトゲンシュタイン（一八八九－一九五一）

「そうさな、こうした場合の慣例的手順はこうじゃ」とフクロは言いました。

「カンイリケーキ・プリンってなに？」とプーがききました。「ぼく、頭がわるいクマだから、ながいことばはダメなんだ」

ここまでこの本を読み進めてきたかたがたには信じられないことだろうが、クマ学研究者たちの多くは、いまのプーのことばを表面的にしか読み取っていないから、これこそプーの言語的限界の証拠だと考えてきた。もちろん、このことばは、ウィトゲンシュタインの『論理哲学論考』四・〇二六項をとても効果的にドラマ化したものだ。その条項の書き出しはこうなっている。「どんな単純記号（語）でも意味を理解するためには、その意味がわれわれに説明されなくてはならない」

プーは本当にこのウィトゲンシュタインのことばを表現したのかという疑いの気持ちも、もう少し先を読めば解消するはずだ。プーのことばをうけて、フクロはこう言っている。

「つまり、やるべきことっていう意味じゃ」

「そういう意味だったら、ぼくはそれでかまわないんだ」とプーはけんそんして言いました。


　ここでフクロは最初に自分が言ったあいまいなことばをはっきりとした命題にしている。つまり、フクロは、（1）ことばには説明がいるということを示し、さらに、（2）さっきの四・〇二六項の続きの文、「しかし、命題があれば理解してもらえる」を解説したというわけだ。フクロはまさにウィトゲンシュタインのことばを実行したというわけだ。

　プーの研究者たちの多くが、プー以外の哲学者を研究するのは時間の無駄だと感じている、だから、ウィトゲンシュタインは『論理哲学論考』を、一行でおわる短いものもふくめて、箇条書きにして番号と副番号をつけているといっておいたほうがいいだろう。ほかの哲学者を見下すような態度はたしかにウィトゲンシュタインにもみられた。たとえば、かれは、「哲学的な主題について書かれてきた命題や問いの大部分は、あやまりではないが、無意味である。だからそういう問いにこたえを出すことはそもそもできない。無意味だと指摘することができるのみである。哲学者の出す命題や問いのほとんどは、我々が言語の論理を理解していないことから生まれる」（四・〇〇三項）と言っている。それでもぼくはひとこと言っておくが、プー以外の哲学者を見下す主義を押し通すという読者は、そうすることで「偉大なるクマ」を理解する手段からさえも遠のくことになってしまうんだ。

たとえば、もし哲学者の無意味な問いについてのこのウィトゲンシュタインのコメントを読んでいなかったら、プーが「コトルストン・パイ」の歌で言おうとしていることもわからないはずだ。みなさんご存じとは思うが、この歌の最後のところはこうなっている。

コトルストン、コトルストン、コトルストン・パイ
どうしてにわとりは、のわけをぼくは知らない
ぼくになぞなぞをきくならこうこたえたい
「コトルストン、コトルストン、コトルストン・パイ」

「どうしてにわとりは……」という問いは、ウィトゲンシュタインが無意味だからこたえられないと言って非難した類いのものだ。プーは一見ぜんぜん関係ないこたえをしているが、それはプーがこの問いをそういうものととらえて、にっこりほほえんで却下したということなんだ。

プーは無意味な問いを却下してはいるが、だからといってぼくらはこのパイの歌を軽々しく却下するというあやまちをおかしてはいけない。これをつぎの三項目に分けて分析してみよう。

1　この問いそのもの
2　この問いの句読点の打ち方
3　プーのこたえの中身とそれが示すもの

1　この問いは昔からある、あの有名ななぞなぞの出だしだということはすぐにわかる。「どうしてにわとりは道をわたるのでしょうか？」こたえはこうなる。「道の向こうがわに行きたいから」。あまりにも有名ななぞなぞの出だしだから、文章が完成していないことに気づかない人も多いだろう。気づいた人でも誤解して、この出だしだけの問いはただの短縮形だから、続きはよく知られたあのことばを自分でつけるのだろうと考える。ちょっと考えてみれば、そうじゃないことは確信できる。

有名ななぞなぞの形で書かれたこの問いは、どうみても理屈にあっているし、それに対するおきまりのこたえも理屈にあっている。だから、これは無意味な問いの例であるはずはない。が、これはまた哲学的な問いでもない。しかし、実際歌にうたわれたこの問い――「どうしてにわとりは」――は無意味で、しかも哲学的作品によくあるタイプの問いとなっている。つまり、これはウィトゲンシュタインの言おうとしたことを完璧にあらわしているということになる。

2　いままで多くの人たちがこの一行にうたわれた句読点についてコメントしてきた。ミルンの偉大なる作品は全編をつうじてきちょうめんに句読点がうたれている。しかし、ここでは「?」があるはずのところに「、」がうたれている。どうして? なぜなら、作者はこれが正真正銘の疑問文ではないと警告しているからだ。この印刷上の工夫により、この問いが無意味なものであるか、あるいはにせ質問であるかのどちらかだとわかる。

3　プーの「コトルストン・パイ」というこたえには二つの働きがある。まずは、もうわかっていることだが、プーのこたえは問いの本質が無意味だと認めたものだ。しかし、このこたえにはそれ以上のものがある。パイへの言及をなんどもくりかえしている。これでぼくたちは、哲学者の無意味なたわごとに付き合わされたあとで、地上の現実世界の必需品と喜びにひきずりもどされることになる。

まえにも強調したことだが、本質的にプーは行動する思考者だ。だからいまさらウィトゲンシュタインの「哲学は教義ではない、活動である」(四・一一二項)という格言をあらわしている例を指摘する必要はないだろう。「あらゆる哲学は言語の批評である」という格言もまた、ミルンの作品にくりかえし描かれているが、こちらにかんしては、もう少しこまかく分析する必要がある。まず、『クマのプーさん』第一章のこの一節だ。

「かれの名前は『クマのープー』っていうんだ。『のー』ってどういう意味か知らないでしょ?」「いやあ、知ってるよ」。わたしはすばやくそう言いました。みなさんも知っていてほしいと思います、だって、それいじょうの説明はされないはずですから。

第六章にはイーヨーのこの発言がある。「カゴメカゴメをするってことは親しみやすいってことじゃ」。そしていちばんはっきりとした例は、第七章でウサギがルーの誘拐を思いついて言ったことばだ。

「ぼくたちが『ふうん』って言えばカンガはぼくたちがルーのいばしょを知ってるなってわかる。『ふうん』っていうことばの意味は、『もしきみがこの森をえいきゅうに出て行くってやくそくするなら、ルーのいばしょをおしえてあげる』っていう意味なんだ」

この三つの例は――ほかにもっとあるが――「哲学では『その語やその命題はいったいなんのために使うのか?』という問いはつねに価値ある洞察へと導く」(六・二一一項)というウィトゲンシュタインのことばをあらわしている。

ざっとみただけでも、ここから導かれる洞察はわかる。まず最初の例でいうと、『クマのプーさん』ほどの明晰な本でも、カギとなる概念が説明できないこともあるということを示している。どうして? ウィトゲンシュタイン自身がこれに対して考えられる二つの解説をしてくれている。まずは、『論理哲学論考』の序文の第二段落で言っていることだ。「この本の趣旨は次の数語で要約できる――なにはともあれ語れることははっきりと語ろう。語れないことについては沈黙して通り過ぎよう」

プーのようなけんそんは確かにまねすべきだし、まねしていいだけの理由もあるが、意味の探求をいとも簡単に捨ててはいけない。ウィトゲンシュタインが後年の著書『哲学探究』の序文で書いたことを思い出そう。「わたしは自分が書くことでほかの人が考えなくてすむようにはしたくない。できるなら、ほかの人が自分で考えるよう刺激したい」

イーヨーが「カゴメカゴメ」と「親しみやすさ」を思い切って同じ意味にしたのも、ウサギが「ふうん」ということばにカンガへの複雑なメッセージの意味をさらに大胆に持たせたのも、これらがウィトゲンシュタインの「使用」にかんするポイントを示しているからだ。いつものように、ここで伝えているメッセージはひとつだけではない。いや、ウィトゲンシュタインのメッセージだけをとっても、ここにはふたつ以上のメッセージがある。

ウサギが「ふうん」の使用の説明をした後はどうなっただろうか？

プーはすみっこへ行くと、それらしく「ふうん」と言おうとしました。「ふうん」はウサギが言ったとおりの意味のこともあるし、そうじゃないこともあるようにプーには思われました。「練習するしかないな。カンガも「ふうん」の意味がわかるようになるには練習しなくちゃいけないかもしれない」とプーは思いました。

ここでプーがぼくたちに示してくれた思想は、ウィトゲンシュタインが四・〇〇二項で言っていることとぴったり同じだ。「日常語は人間という有機体の一部だから、それくらい複雑なものだ」。また、この条項のつづきでは、「日常語の理解のもとになっている無言のとりきめ（暗黙の了解）は、とても複雑だ」。カンガにも練習が必要ではないかというプーの問いは、このふたつめの思想を強調している。というのは、正式な訓練でも体験でもいいが、それ相応の練習をしなかったら、ぼくたちはメッセージの意味を理解できないからだ。

また、ことばと、それが語られる状況にはちゃんと関係があるというのも無言のしきたりこの場合でいうと、ウサギがメッセージを満載して発した「ふうん」ということばの空しさ――を指摘したというわけだ。

プーはこう言った。「ルーを誘拐しなくたって、『ふうん』って言うことはあるんじゃないかな」

せっかくプーが教えてくれたこの最重要ポイントの意味をまったく理解できずに、自己中心的で頭のにぶいウサギはプーがこのばかげた計画に賛成してくれていると思っているようだ。

「プー、きみはほんとうにあたまがわるいな」とウサギはやさしく言いました。

「そうなんだよ」とプーはけんそんして言いました。

プーがけんそんしたわけのひとつは、自分の力ではウサギに理解させることはできないと悟ったからだ。ポスト・プーとも言える『哲学探究』の中で、ウィトゲンシュタインはこうコメントしている。「表現がぴったりでないと、混乱した状態のままでいることになる」（三三九項）

プー物語には言語の哲学的重要性を示す例がたくさんつまっているけれども、ことばの重要性がいちばん豊かに描かれているのはクフロ、つまり、ただの人間にはフクロとして知られて

（暗黙の了解）のひとつだ。つまり、プーは、ちゃんとした状況もなしに語られたことば――

いるキャラクターが登場するエピソードだろう。

ぼくたちが見てきたのはその中でも最初のエピソードだけで、しかもそのふたつの面しか検討していない。すなわち、ことばには説明がいるということと、自分の言っていることをわかってもらうには命題がいるという二点だ。しかし、もちろん、ここにはもっとたくさんの意味がある。

ばつぐんの知識をもつ生き物と出会うまえの心の準備はプーがしてくれた。

「もしだれかがなにかについてなにかを知っているとしたら」プーはひとりごとを言いました。「それはなにかについてなにかを知っているフクロってことだ。もしそうじゃなかったら、ぼくもプーじゃないってことだ。でもプーはプーだ、だから、そうだってことさ」

プーが力強く言ったこのほめことばは、クフロのことを考えるときにはいつも念頭においておくべきものだ。これを覚えておけば、クフロを偉大なる頭脳などとまじめに考えたくないという気持ちも消えるだろう。

クフロに対するただしい態度は、実際かれに会うまえに、かれの家のドアのはり紙を見ただけで確立される、いや、されなければいけない。本物のクマ学研究者なら、あの二枚のはり紙に書かれたことばは暗記しているだろう。

ノック用のとっての下にはこう書いてありました。

おようのあるかた、ひぱってください

ベルをならすひもの下にはこう書いてありました。

おようのないかた、ノクしてください

「うっかりスペル」のことはちょっとおいておいて、ここではこの二枚のはり紙がウィトゲンシュタインのたてた規準をすべて満たしていることに注目しよう。二枚のはり紙は言うべきことをはっきりと言っている。というのは、この二つの文は、構文的にも意味論的にも、日常語には無言のしきたり（暗黙の了解）があるという規準にしたがっているからだ。だって、ふつうドアの外にはり紙がしてあったら、その家に住む人（人々）の情報が、とくに、どうやったらその人とコンタクトがとれるかという情報が書かれていると思うじゃないか。そして、クフ

PLES RING IF AN RNSER IS REQIRD
PLEZ CNOKE IF AN RNSR IS NOT REQID

ロのはり紙はまさにそれだった。それもはっきりとその情報を示し、しかもありえそうなできごとをきちんと網羅《もうら》している。
　クフロとコンタクトがとれると、プーは問題を提示して、クフロはそれにこたえる。

「そうさな、こうした場合の慣例的手順はこうじゃ」

　プーが慣例的手順の意味を説明してもらう話をもういちど考えるまえに、まずはクフロのことばを分析しなければいけない。「慣例的手順」と言ったということは、クフロがこうした問題を扱うことに慣れているということだ。こたえ方が迅速であったことからこれには確信が持てる。また、これはプーがクフロを高く評価していることの確信にもつながる。
　さて、ではもういちど、プーがもとめたことばの説明を考えてみるとしよう。これは、クフロが言ったままのことばはあいまいでよくないということなのだろうか？　もちろん、そうじゃない。もしそうなら、プーが解説しているウィトゲンシュタインのポイントがぜんぶあいまいになってしまう。ウィトゲンシュタインが説明しなければいけないと言ったのは、単純記号（傍点筆者）だ。プーの質問は長いことばに対してだから、これはソクラテスの無知の仮面を使っただけということだ。

しかし、ただそれだけではない。クフロはくりかえし、ことばの大家として登場する。しかし、クフロが現実の問題を解決できることはめったにない。この矛盾はどう説明できるだろうか？『クマのプーさん』は一九二六年に、『プー横町にたった家』は一九二八年に出版されたが、この矛盾を説明するには、一九五三年にウィトゲンシュタインの『哲学探究』が死後出版されるのを待たなければならなかった。『哲学探究』一〇九節は次のことばでしめくくられている。「哲学とはことばの意味によってわれわれの知性が呪縛されないための戦いである」

クフロがウィトゲンシュタインに関連した役割をはたすとしたら――これがクフロのたったひとつの重要な役割なのだが――それは、ことばの呪縛をあらわすことだ。といっても、クフロを格下げしているわけではない。ことばの魔力を十分に具体化できるのは、雄弁で知識をたくさんたくわえた頭のいいものだけだ。そして、ことばの呪縛にうちかてるのは、もっと力のある哲学的知性をもっている、あの「偉大なるクマ」だけだ。

ただ、ある重要な場面で、クフロがこうした状況に気づいているところがある。その場面とは、もちろん、

嵐におそわれたプーとコブタとクフロが、クフロの家にとじこめられてしまうところだ。問題は、どうやって脱出するかである。クフロは何をしただろうか？　かれはこう言った。

「コブタや、問題はそこなんじゃ。わしとしては、ぜひプーに考えてもらいたいと思っている」

そして、プーが天才的で、しかもひじょうに現実的な解決法を示すと、クフロはこうコメントする。

「洞察力があって、やくにたつクマじゃ」

ここでは、プーの傑出した頭脳が強調されているだけではなく、それを認めたクフロの寛大さにもスポットライトがあてられている。これは、この二人の偉大なる天才の手柄だ。そして、ここまでこの状況の解説を可能にしてくれたのは、ウィトゲンシュタインの手柄だ。

経験主義の伝統の後継者たちのことにはずいぶん時間をかけてしまった。このあたりで、もっと手に負えない、もっとあいまいなドイツ哲学へうつるとしよう。

6

プーとドイツ哲学者たち

カント、ヘーゲル、ニーチェ

イマヌエル・カント（一七二四―一八〇四）

プーとハチのあのとほうもなく中身の豊かなエピソードをさらに探っていくために、こんどはカント的観点からプーの二つの発言を考えなおしてみよう。

「どうしてハチがいるのか、ぼくが知るかぎり、そのたったひとつのわけは、はちみつをつくってるってことさ。どうしてはちみつをつくるのか、そのたったひとつのわけはぼくにごちそうしてくれるってことさ」

信じられないことだが、クマ学研究者の中にはこのことばを知性の限界の証拠、さらにはくいしんぼうの証拠として読んできた人もいる。もちろんこれは――ほかのエピソードの場合もそうだったが――人の知識はその人の精神的限界によって決まる、というカントの基本原理を説明するための教育的工夫だ。プーがハチをはちみつの製造元としてしか、そして、はちみつを自分の食べものとしてしか認められない（ふりをしている）ということは、人が世界を認識するのは空間・時間・因果関係においてだけだと言ったカントの教義をあらわしている。

プーはさらに進んで、人が認識するもの（「現象」）と、物自体（「本体」）とを区別するというカントのキー・ポイントをもあらわしている。

「『ハチってのはわからないもんなんだ』とプーは言いました」。プーがきっぱりと言ったこのことばをさっきはデカルト的観点から見た。しかし、これはまた物自体（本体）は認識できないのだというカントの基本的な教えを語ってもいる。

このようにたった三つの短くもすばらしい文章で「偉大なるクマ」はカントの哲学の基本的概念を二つもはっきり示してくれた。

さらに言うと、これを立証するのにハチというみんながよく知っているものを使うということ自体がとてもカント的だ。というのは、ふつうの状態にいるとき人は抽象的な考えに順応するのではなく、なんらかの具体例を必要とする、というのがカントの認めるところだからだ。これをカント本人のことばで表現すると、子供に歩行器が必要なのと同じことである、となる。一般聴衆に話しかけているプーは、いつもこの歩行器を用意してくれる。

カントはまた、プーが自分の後継者のひとりとなることを予言してこう書いた。「深遠な思想と明白な表現とをいとも楽しげに結びつけること――わたし自身にそのような才能があるとは思えないが――のできる有能な人々に、わたしはわたしの教義をのべたことばからはなれないあいまいさを取りのぞく仕事をおまかせする」このことば以上にわかりやすく、そして細大もらさずプーを描写することができるだろうか？

「有能な人々」ということばはクフロの「洞察力があってやくにたつクマじゃ」ということばの中に反響している。

この本では、クマ学研究者たちの盲点をたびたび批判してきた。公平を期すために、カント学派の研究者たちにも同じような、そして同じくらいなさけない盲点があることを指摘しなくてはいけない。これまでぼくたちは、カント学派の哲学者たちがみずから専門分野だと主張しているこの哲学者のすぐれた予言についてなにか説明していないかと、かれらの膨大な学術書をさぐってきたが、これはむだ骨だった。

カントの現象理論を、少々矛盾するがおもしろく語ったところがもうひとつ、『クマのプーさん』第三章「プーとコブタが狩りに出かけてもうすこしでモモンガーをつかまえるお話」にある。コブタは自分たちがつけている足跡はモモンガーのものだろうかとたずねる。すると、プーは「……足跡からじゃわからないよ」とこたえる。

このプーのことばに対するクマ学研究者たちの意見はまっぷたつにわかれる。問題点ははっきりしている。この足跡は空間的にも時間的にも目に見えるものだから、これはあきらかに現象と言えそうだ。しかし、プーは（カント的に）物自体（本体）によってなる認識不可能な世界に属しているものではないかと疑っている。

学者たち、おもにカント学派の学者たちの中には、プーのことばにある「……から」ということばに重点をおいて、これを説明する人もいる。かれらは、プーのことば選びにはいつも細心の注意がはらわれていることに念をおしながら、こう主張している。プーは足跡を「わからない」――つまり、足跡を現象的物体として認識できない――と言っているのではない、と。「……から」ということばを使っているのは、目に見える現象としての足跡から、その背後にある認識不可能な本体――ここではモモンガー――へと一足飛びには飛べないということを示すためなんだ。かれらはモモンガーは絶対に見つからない、いや、思い描くこともできないという事実を指摘して、この説を弁護している。かれらによれば、これは、モモンガーが本体の世界をあらわしている動かぬ証拠だそうだ。

ほかの、おもにカント学派ではない学者たちはもっと過激な考えをしていて、プーは現象的認識に対してさえも疑いを抱いているのだと言い張る。

ぼくたちがなにより望むことは、読者に自分で考えてもらうことだから、どちらの解釈により説得力があるかはご自分で決めていただくとしよう。

「はちみつのつぼ」のエピソードにもまたカント的な説明をつけることができる。つぼの中身を徹底的にしらべることで、中身が本当にぜんぶはちみつだとわかった。これをカント的観点から見ると、この世界をどんなに徹底的にしらべても、人の知覚が現象の限界を越えることはありえない、という解釈が無理なくできる。

はちみつの象徴的価値（知恵、真実、善良）を覚えている人なら、プーはこれらの価値を示す行為においては現象の限界を越え、したがって、先験的哲学者カントをも先天的に越えていたことがわかって、やっぱりそうかと感心するだろう。

プーによるカント倫理学の批判

トラーが本当に好きな食べものをさがしたことと、プーが「便利な――でもいまはからっぽの――つぼ」の中のはちみつをイーヨーにあげる前に食べてしまったことは、カント倫理学にある重要問題に対する批判だ。カントの基本的道徳律――定言命法（根本的道徳律としての良心の命令）――の中でいちばん有名なものは次の一節だ。「同時に普遍的法則となることを君が欲することができるような格率、そうした格率だけに従って行為せよ」。これではすぐに問題につきあたってしまう――ある特定の人にぴったりの食べものやプレゼントを選ぶときに、どうやったらカントのこの原則を満たせるというんだ？　みんなにはちみつをあげることを格率とした人なら、この例で言うと、受取人（イーヨー）をがっかりさせていたことだろう。しかし、受取人によってちがうプレゼントを選ぶとしたら、普遍的な原則など決めたくないということだ。

こんなこたえも出るかもしれない――こんなことはまったく問題にならない、解決法はわかりきっている、受取人が喜ぶプレゼントをあげるという格率にもとづいて行動すればいいんだ。しかし、こういう言いかたをすると、アルコール依存症患者にウィスキーを、精神異常者にピストルをプレゼントしてもいいことになってしまう。だから、これは、受取人にふさわしいプレゼントをすべきだと言ったほうがいい。しかし、そう言うとこんどは、あげるべきものをあげるべきだというだけの意味になってしまう。なるほど、的を射てはいるが、あまりいいこたえではない。つまり、プーは、アラスデーア・マッキンタイアの「定言命法をためすのは論理的にむなしい」（『西洋倫理思想史』）ということばの意味を披露したということだ。

たしかにカントには自説のあいまいなことばをプーにはっきりさせてもらう必要があった。そして、いま、ぼくたちはプーがカント倫理学の基本の非現実性を披露しているのを目の当たりにした。それでも、忘れてならないのは、カントが少なくとも一〇〇年もの間、ドイツの、いや、ヨーロッパの哲学を支配していて、いまでもまだかれの影響力は強く根づいているということだ。

カントのドイツでの後継者の中でずぬけて強い影響力を持っていたのはヘーゲルだ。ここでかれの話にうつろう。

ゲオルグ・ウィルヘルム・フリードリヒ・ヘーゲル（一七七〇―一八三一）

ヘーゲルの哲学を分析する前に、二つほど忠告しておく必要がありそうだ。

1　バートランド・ラッセルはヘーゲルのことを、「偉大なるすべての哲学者の中で最も難解な」人物と評した。ヘーゲル自身は、「わたしは哲学にドイツ語を話させようとしているのだ」と言った。それはあまり明解なドイツ語ではなかった。臨終の床で、「わたしを理解してくれた人はたったひとりしかいなかった……そして、そのひとりもわたしのことを本当には理解していなかった」とヘーゲルが言った、という多分つくられた伝説を聞くと、かれの評判がどういうものだったかはよくわかる。

2　ヘーゲル哲学のカギとなることばがいろいろなことばに翻訳されたので、主題そのもののむずかしさがさらに複雑になった。ヘーゲルの「ガイスト（Geist）」は「精神（Mind）」と訳されることもあるし、「霊（Spirit）」と訳されることもある。しかし、表面的に用語を統一するよりも、むしろこうしたいろいろなことばをそのままにしておくほうが、ヘーゲルを本当に味わうにはいいと思う。

だから読者は、この章のヘーゲルの項目がほかより明快でないとしてもがっかりすることはない。また、いつものような明晰な説明がなされていないといって、ミルンやプーを非難すべきでもない。

ミルンとプーによるヘーゲルの解説をしらべていくのに、まずは、『クマのプーさん』第一章の最初と最後の段落、それから、同作品の最終章の最後の段落を検討していこう。まず、この三つを順番にあげる。

1　ほら、クマの「ぬいぐるみ」が階段をおりてきました。クリストファー・ロビンにひきずられて、ドタン、ドタン、ドタン、と頭のうしろをうちつけながら。かれの知るかぎり、これは階段をおりるたったひとつのほうほうでした。でも、ときどき、ほんとうはべつのほうほうもあるんじゃないかな、という気もしました。もし、ちょっとでもこのドタンドタンをとめて考えてみさえすればそれがわかりそうな気がしたのです。でも、そのあとすぐ、やっぱりほかにほうほうはないんだろうなあと思えてくるのでした。そうこうするうちに、もういちばん下までおりてきました。さあ、ご紹介しましょう。クマのプーです。

2　……プーが――ドタン、ドタン、ドタンと――クリストファー・ロビンにひきずられて階段をあがっていく音がしました。

3　……プーが――ドタン、ドタン、ドタンと――クリストファー・ロビンにひきずられて階段をあがっていく音がしました。

ヘーゲルのめがねを通してこの三つを見てみると、なにが見えてくるだろうか？　まず気づくことは、二つめと三つめは同じで、これらは一つめとは違うということだけだ。ここからは――ばくぜんとだが――哲学によって発見されるべき「差異における同一性」というヘーゲルの概念が思い出される。しかし、これでは満足がいかない。もういちど、こんどはヘーゲルの「精神哲学」に的をしぼって考えてみよう。

プーとヘーゲルの精神哲学

すべてはすぐにはっきりする。この三つの段落には、ヘーゲルの精神（または霊）の発達の三段階が要約されているという明白な――しかし、いままで見すごされてきた――事実がある。三段階とは、主観的精神、客観的精神、そして、絶対的精神である。これからやる分析調査を見れば、いまは納得いかない人もわかってくれるだろう。

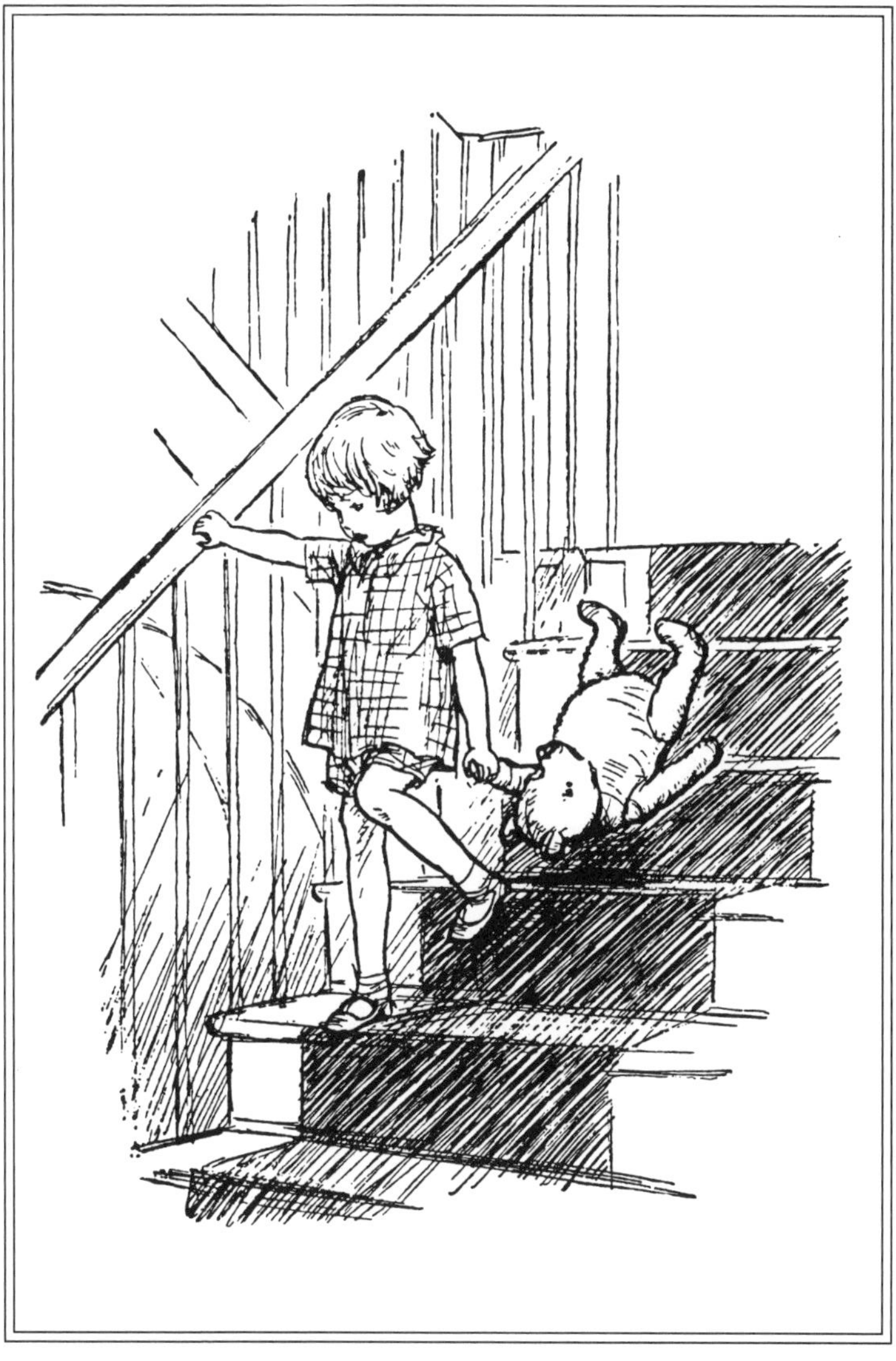

まずはじめに、クマのプーは最初はクマの「ぬいぐるみ」と呼ばれていることに気づく。この長い段落の最後になってやっとかれは「クマのプー」――意味深なこのことばには十分注意すべし――として「紹介」される。正しいなまえが決まっていないというのは、未発達段階の精神は「その無規定性における理念」だというヘーゲルのことばをはっきりと示したものだ。

主観的精神の無規定性という理念は、ほかにもおりる方法があるんじゃないかと考えたクマのばくぜんとした観念の中でさらに発達していく。（ここで、プーの無知が教育的工夫以外のなにものでもないということをみなさんに言う必要は、もうないだろう）。さらに、一見混乱しているこの第一の引用（第一章の最初の段落）には、ヘーゲルの三つのテーゼ――テーゼ（さいしょの提言）・アンチテーゼ（テーゼの反対）・ジンテーゼ（高水準での矛盾の調和）――のうちの第一と第二が含まれている。実際お見せしよう。

1　階段をおりる方法はほかにもある。

2　階段をおりる方法はほかにはない。

期待される第三のジンテーゼは、この第一章の後半まで待たなければでてこない。そこでやっとプー本人が示してくれる。

3　木をおりる方法はほかにもある。

木をおりる方法がほかにもあると言ったって、最初の二つの命題を満足いくように調和させてはいないじゃないか、と反論する人もいるだろう。そういう人たちに見せようと、この解釈の支持者たちがかつぎだしてくるのは、はちみつをもとめて木のぼりしたときにプーがうたった「こまった歌」の最後の一行だ。

こんなこと考えるのはへんだけど、もしクマがハチなら、
木のいちばん下のところにすをつくるのに。
そしてもしそうなら（ハチがクマなら）
ぼくたちはこんな階段をのぼらなくてもいいのに。

ここに、「偉大なるクマ」本人が、木と階段を同じものとしているゆるぎない証拠があるじゃないか、と支持者たちは言う。

またべつの考え方をする学派の人たちは、ジンテーゼを第二の引用（第一章の最後の段落）

の中に見いだすだろう。この時、やり方は同じなのだが、方向が逆だ。「おりる」ではなく、「のぼる」となる。この解釈でのジンテーゼはこうなる。

3　階段をのぼる方法はほかにもある。

ヘーゲルは弁証法的観念論の最高峰だから、弁証法的に対立してしまう解釈がいくつ出てきたところでおどろくことはない。そうした解釈を高水準で調和させてジンテーゼへもっていくというヘーゲル的訓練を読者にさせてあげられるとは、ぼくたちも幸せだ。

しかし、この第二の引用には、いまの解釈を却下するのではなくて、それを超越するような解釈がもう一つある。この解釈にはいる前にひとつ思い出してもらいたいことは、ぼくたちがいまあつかっている作品は、哲学的に奥が深いだけでなく、修辞的技術にかんしても群を抜いているということだ。その修辞の技術の中には、特別な段落を正確な位置にすえるというものがある。章の最初と最後の段落はいつも特に重みのある意味を伝える。最後の段落の場合、その意味は章ぜんたいの意味に関係してくるのがふつうだ。そこで、第一章はプーとハチのエピソードが書かれていたが、そのエピソードにある多面的要素についてはもう十分お見せしてきた。では、ここで、問題となっている超越的解釈にはいろう。

その解釈とはなにか？　ヘーゲル哲学の流れで考えると、この段落が精神の第一段階から第二段階への発展を描いている、というのがこたえだ。だからいまは客観的精神にたどりついたところ、ということになる。ヘーゲルはこの段階をこう説明している。

この段階は実在性という形をとる。つまり、この精神によって生み出された、および、生み出される世界という形をとるのである。この世界にあっては、自由は必然という形の下にあらわれる。

プーはこのハチのエピソードの中で、ヘーゲルの概念をなんとあざやかに、そして力強く示してくれていることだろう！　ブンブンいう音に気づいたのも、その音を解釈したのも、その解釈にもとづいて行動したのも、したがって、このエピソードの世界を生み出したのも、ぜんぶプーの精神なんだ。これはまさしくヘーゲルの第一の基準――客観的精神によって生み出された、および、生み出される世界――を遂行したものだ。

第二の基準――自由は必然の下にあらわれる――もこれにおとらずきちんと遂行されている。プーは木にのぼったり、風船を使って飛んだりすることで自由をあらわしている。必然は、この双方からの落下にあらわれている。

では、第三の引用（最終章の最後の段落）にはいろう。読者は、ことばのうえでは第二の引用と同じだというささいな真実につまずかないでいただきたい。ここで重要となるのは、またしても位置づけと流れだ。クマ学研究者たちは、『クマのプーさん』を研究しおえる（ぼくたちの簡単なコメントが役にたっているといいんだが）ころまでには、「偉大なるクマ」の偉大なる頭脳に気づいて畏敬の念を抱いているにちがいない。だから、かれらには簡単にわかるだろうが、階段をのぼるのが二回目だということは、精神の第三の、そして最後の発達段階をあらわしているということになる。これで、絶対的精神にたどりついたというわけだ。

ヘーゲルは絶対的精神をこう表現している。

……（それは）客観性としての精神と理念性すなわち概念としての精神の統一であり、本質的にも現実的にも存在して、自分自身を永遠に生み出し続けるものである。これが、絶対的精神である。

この証拠はどこかの段落とか、エピソードにある、というよりは、むしろ「プーの世界」と呼ばれるひとかたまりの、そして、複雑な全体の中にある。そして、これこそ典型的なヘーゲル哲学だ。ヘーゲルにとって、全体とは、各部分の総合以上のものだった。実のところ、各部分の意味がよくわかるのは、それが全体に属しているからなのだ。ヘーゲルはそれをこう定義している。「真理は全体である」

精神の三段階の発達を示している例はいまあげた三つの引用だけではない。クリストファー・ロビンは「プーは頭がわるいから（ゾゾをつかまえることが）できなかったんだ」と言ったが、これは混乱している精神の第一段階をおおげさに言ったものだ——ところが、残念なことに、クリストファー・ロビンは永遠にこの第一段階にとどまっている。

こうした手がかりをつかんでおくと、「頭がわるいクマ」という表現は精神の発達の第二段階をやはりおおげさに言ったことばだと解釈できる。もっともな疑問をぜんぶふりはらってぼくたちの主張に確信を与えてくれたのは、プー自身が自分を語ったことばだ。「ものすごく頭のいいクマ」。これは、まぎれもなく絶対的精神をあらわしていることばだ。

それでもまだ納得のいかない人がいるというのなら、残念だが、それはその人たちが主観的精神という混乱した頭脳状態——ヘーゲルの用語で言うと、無規定性——にとどまっているからだと言うしかない。

本当に注意ぶかく、よく勉強している読者なら、プーが自分のことを「ものすごく頭のいいクマ」と認めたのには、また別のヘーゲル哲学があらわれていると気づくだろう。F・C・コプルストン教授はヘーゲルのたいせつな要素をこう要約した。「哲学的理性があれば、宇宙の全歴史や人（原文どおり、人類のことか）の全歴史を絶対者の自己発展として見るようになる。そして、この知識が絶対者の自己認識である」。自分自身を「ものすごく頭のいいクマ」と言ったプーの認識が、この絶対者の自己認識をあらわしていることに疑問をもつ理性的存在があるだろうか？

プーは自分のことを「本当に頭がわるいクマ」と言って自己卑下するような言い方もするが、これの解釈は、「無知の仮面」というソクラテス流のわかりやすい解釈だけではない。ヘーゲル流に考えることもできる。「精神は……その第二段階ではそれ自体をそれ自体から切り離し、この第二の側面をそれ自体の対極とする」。つまり、「ものすごく頭のいいクマ」が自分自身の対極――「本当に頭がわるいクマ」――をつくりだしたということだ。

さて、このへんで、まったくタイプがちがうが、やはりプーの説明能力を最大限にためしている哲学者の話にうつろう。

フリードリヒ・ニーチェ（一八四四―一九〇〇）

おかしいな

どうしてクマははちみつがすきなんだ？
ブン！　ブン！　ブン！
どうしてかな？

このなぞかけうたの二行目にある疑問に対するこたえはもうすでにいくつか出ているが、このこたえはまだほかにもある。これとニーチェとの関係は、『偶像の黄昏』の中の一節にいちばんはっきりとあらわれている。そこに登場するラルフ・ウォルド・エマソンは、「本能から、純粋に神の食物だけを食べ、消化できないものには手をつけない人」として称賛されている。エマソンの神の食物がプーのはちみつに匹敵することをだれに疑えるだろうか？

同じように、はちみつをつくることがハチの唯一の存在理由だと主張したときのプーの目的論的なものの見方は、ニーチェが「木はその果実のためにだけ存在する」と言ったのに似ている。ニーチェが言った果実がなんだったかを思い出すと、もっと似てくる。かれの言う果実は個人だ。プーの世界以外のどこに本当の意味での個人の集まりが見られるだろうか？

さらに、風船で飛んだときのプーはニーチェの自由の基準をはっきりと示していた。「個人の自由にしろ国家の自由にしろ、自由というものは、どうしたらはかれるか？　それは、克服すべき抵抗によって、そして、高いところにとどまるのに必要な努力によってだ」

ニーチェはとりわけ自分を見つめる哲学者だったから、おもしろいことに、かれの推薦するライフスタイルには「偉大なるクマ」のライフスタイルとの類似点がとてもたくさんある。プーは「クマのプー」としてはじめて紹介されたときには、もうすっかり成長しているように見える。プーが子グマだと思わせる表現は一つもない。また、親がいるけはいもない。これがニーチェの言った、「最高のものはすべて自己原因（みずからが自己の存在の原因）」の一例でなくてなんだろう？

　ここでもう一度、プー物語の出だしにもどってみよう。「クマのプーはたったひとりで森にすんでいました……」。これは、あきらかにニーチェの格率を支持したものだ。「一人で生きるためには動物になるか、神になるかしなければならない、とアリストテレスは言った。しかし、第三の可能性がある。その両方に――つまり哲学者に――なることだ」

　よく勉強はしていてもやや頭のにぶい読者だと、コブタに一緒に住もうと言ってしまったから、プーの哲学的位置は格下げになってしまったのではないかと聞くだろう。まったくちがう三つの理由によって、こたえは「ノー」だ。第一に、一緒に住もうと申し出て受け入れられるのは、最後から二番目の章のいちばん最後に書かれた話だが、そこに至るまでに「偉大なるクマ」の傑出した知性は完全に確立している。ニーチェふうに言えば、プーは超クマ《スーパー・ベア》なんだ。第二に、こんどはアリストテレスふうに言うと、プーは寛大なるクマだから、友情のこもった

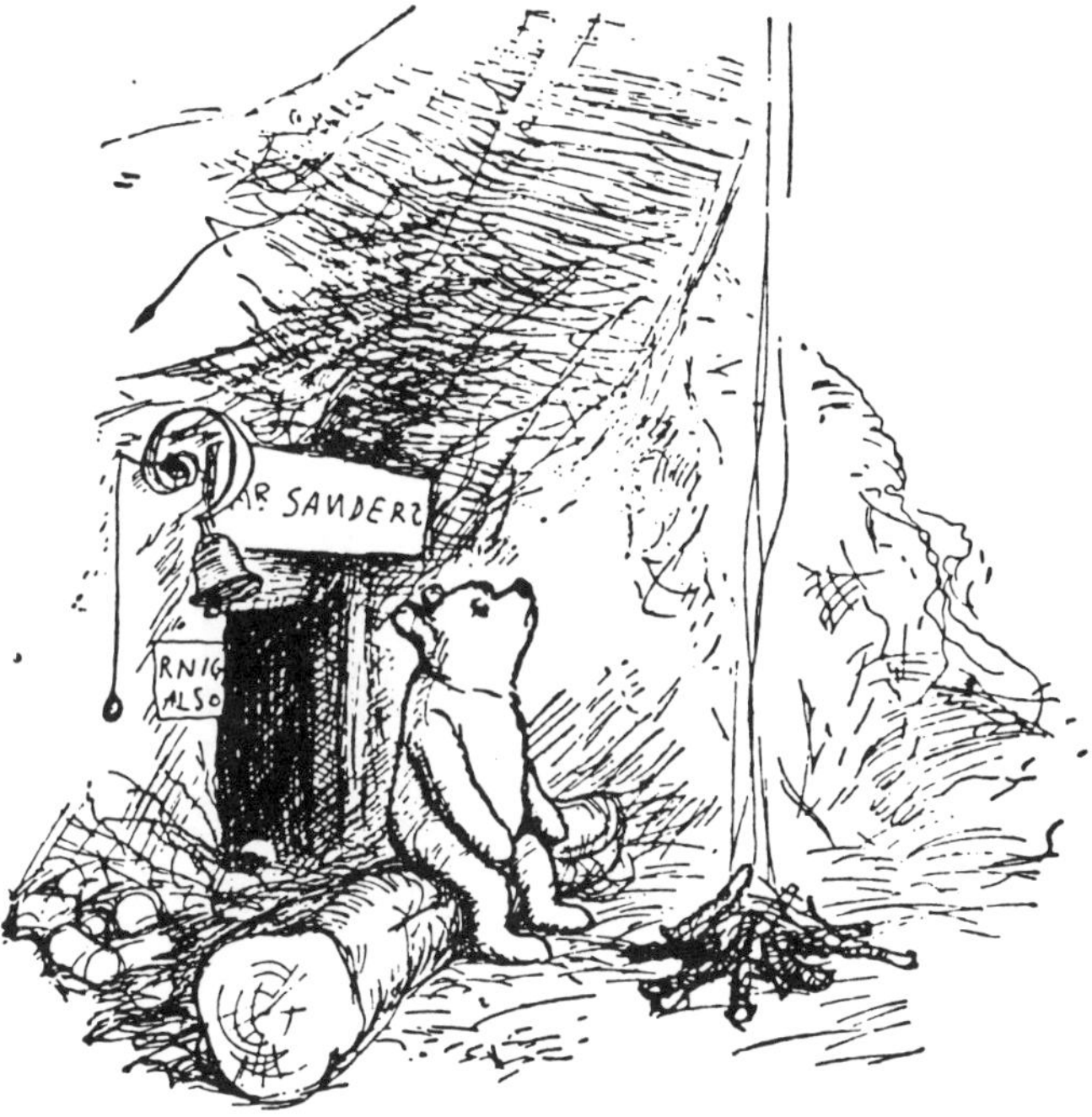

Mr SANDERZ
RNIG
ALSO

寛大なおこないをするのはあたりまえのことだ。第三に、ニーチェがどんなに孤独を称賛したとしても、お気に入りの弟子を一緒に住まわせることは、むかしから偉大なる哲学者たちの名誉ある伝統だ。だから、コブタは知性的にたりないところはあるけれど、プーの高貴な名誉のためにえらばれたというわけだ。

しかし、たとえ毎日プーと一緒にいたとしても、コブタは忠実なだけで理解力のある弟子にはなれないいんじゃないかという気がする。いまから説明するエピソードを聞けば、プーとコブタの関係を示すこの図に一段と確信が持てるだろう。

プーによるニーチェ解説を考えるのに、当然頭に浮かぶのは、『プー横町にたった家』の第一章だ。雪のふる日にコブタをたずねたプーは、コブタが外出中だとわかると、「それじゃ、考え歩きを一人でしなくちゃならない。やんなっちゃう!」と言う。これは、ニーチェが思索生活を定義して言ったあのみごとなフレーズ、「思想と友人を連れて散歩する」をあざやかに具体化したものだ。プーの「考え歩き」はあきらかに思想をつれて歩くことで、また、「やんなっちゃう」と言ったのは、その「考え歩き」を友人と一緒にすることができなくて残念だ、という気持ちのあらわれである。都合のいいことに、ほかにも思想と友人が一緒に出てくる場面がいくつかある。

たとえば、さっきと同じ章の後半で、プーが「すてきな歌」の練習をする場面だ。これは、

「できればだれかにきかせたい歌」だが、ここではとくにコブタに聞かせたい歌だった。ニーチェをよく知らない人たちは、「すてきな歌」といったって、歌と哲学になんの関係があるっていうんだ、と不思議に思うだろう。しかし、『悦ばしい知識』を知っている人たちなら、六三編の「ドイツふうの詩による序曲」と、一四編の「付録・フォーゲルフライ王子の歌」がついていることを思い出すだろう。つまり、哲学的な歌こそ、もっともニーチェ的なものと言えるんだ。

プーがこの「すてきな歌」の練習をしている間、雪をよろこんでいないコブタはその練習は家でしたらどうかと提案する。プーは「……これはとくに雪のなかでうたうべき、外の歌なんだ」とこたえる。

このエピソードには注目すべき点が三つある。第一は、コブタについてだ。コブタのこの態度からは、とてもコブタらしい特徴である忠誠と無理解の結合が見られる。第二は、プーがうたった、いかにも嬉しそうな宣誓の歌だ。

だれもしらない
ポン・ポコ・ポン
つまさきがどんどん

ポン・ポコ・ポン
つまさきがどんどん
ポン・ポコ・ポン
つめたくなっていく……

このうたは、ニーチェの「苦しみにも、ためらうことなくイエスと言おう」ということばを具体化している。では、このエピソードから読みとれるニーチェに対するプーの第三の、そして最後の解説を話そう。ここでプーがみごとに解説してくれたものは、「散歩によって得られた思想にのみ価値がある」というニーチェの格言である。

いままでみてきた哲学者たちにかんしてもそうだったが、ニーチェにかんしてもまた、プーとの関連のすべてを追求・分析するとしたら、一章の一項目だけではすまなくて、この本まるごと一冊をついやすことになってしまう。だから、ニーチェとの関連のうちのいくつかだけをざっととりあげて、それからしめくくりとして、『ツァラトゥストラはかく語りき』を少しくわしく検討していくとしよう。というのは、この著書はきっとクマ学研究者にとっていちばん豊かな内容を提供してくれるだろうから。

ついでに言っておくと、プー社会の幸福で国籍のない文化は、ニーチェの格言、「文化と国家は敵対する」をあらわしている。プー自身、まさにニーチェが望んだタイプの仲間――「一緒にいて元気になれる人」――だ。

ニーチェとウサギ

プーはイーヨーがなくしたしっぽを見つけてあげるとやくそくすると、フクロに相談に行く。「もしだれかがなにかについてなにかを知っているとしたら、そのなにかについてなにかを知っているのはフクロだ」。ウサギもまた、あのなぞの掲示板を当然解説してくれるものと思ってフクロの家をたずねる。

かいしつ
すくかえる
いそかし
すくかえる
C.R.

ウサギは自分がフクロに説明をもとめたのは正当なことだと言う。「フクロ、きみとぼくにはのうみそがある。ほかのやつらにあるのはただのみそだ。だから、もしこの森でなにか考えなくちゃならないことができたら——考えるってことは考えるってことなんだけど——きみとぼくがするしかないんだ」。フクロもこれに同意する。この話にいちばん関係してくるのは、ニーチェの「当時、合理性は救世主と考えられていた」ということばだ。このことばがソクラテスについて言われたことを思い出せば、いっさいの疑惑は消える。優雅で合理的なフクロのやり方が、実際にはうまくいかないということは、ニーチェが——この文脈の中で——ソクラテスの合理主義に批判的であったことを示している。

このささやかな入門書の冒頭で、クマ学研究哲学派の方々には言っておいたはずだが、ミルンの傑作にある哲学の例証や解説を中心になってやっているのは「偉大なるクマ」だけども、やっているのはかれひとりではない。『プー横町にたった家』第五章の出だしの一節を見てもらおう。

その日もウサギはいそがしくなりそうでした。ウサギは朝おきたとたんに、なにもかもが自分にまかされているような、えらい人になったようなきもちになりました。なにかをそしきしたり、「ウサギ」とサインした掲示をかいたりする日だったのです……まるで隊長になったように、みんなが「はい、ウサギさん」、「いいえ、ウサギさん」と言ったり、ウサギに命令されるまでじっとまっていたりする、そんな日のように思えました。

この一節からは、ウサギが官僚的精神の持ち主——潜在的独裁者とも言える——であることがうかがえる。もちろん、人情みのある独裁者だが、やはりプーの世界にある自由と協調のハーモニーにとっては危険分子だ。しかし、幸い、ウサギの計画はいつも失敗する。失敗するわけは、ニーチェのことばをかりれば、「権力は人を愚かにする」からだ。

ツァラトゥストラとはちみつ

もしプーを表面的にしか読んでいない人でも知っていることがあるとしたら、それはプーははちみつが大好きだということだ。その例をここでくりかえすのは退屈なだけだからやめよう。もうすでにすべての読者は、「はちみつ」という偉大なるイメージが生み出した多種多様の哲学的意味に気づいておられるだろう。みなさんの期待は当然、さっきあげたエマソンの神の食物との類似以外にも、もっとたくさんのニーチェとの関連を見つけることに向けられるだろう。このご期待にはおこたえできそうだ。「すべての喜びにははちみつが必要である」とニーチェは書き、このメッセージをいつもくりかえしていた。

もちろん、『ツァラトゥストラはかく語りき』をよく知っている読者なら、関係がとくにはっきりしている「はちみつの貢ぎ物」（第四部　第一章）と題された章をわれらが作者、ミルンが説明してくれるのをじれったい気持ちで待っていたことだろう。この章の冒頭で、ツァラトゥストラには人間の仲間はいないが、話し相手になる動物の友だちはいることが示される。ツァラトゥストラは動物たちに、「きみたちの忠告はすばらしい」とまで言う。さらに印象的なのは、ツァラトゥストラがその忠告にしたがって行動することだ。

この章にクマ学とのいろいろな関係が描かれているのはあきらかだが、それをこまかくしらべていこうとすると問題が生じることは認めざるをえない。たとえば、この章は、ツァラトゥストラが「かれの動物たち」と友だちのような、そして、一見、対等な話しかたをしている場面ではじまる。しかし、動物たちの忠告にしたがって山のてっぺんに上ると、ツァラトゥストラはかれらを家に帰してしまう。動物たちが行ってしまうと、これで「隠者がお気に入りの動物の前で」話すよりも、もっと自由に話ができる、と言う。

はちみつに対するツァラトゥストラのことばもまた首尾一貫していない。かれは血管を流れるはちみつが魂を静めてくれると言う。しかし、静寂はニーチェが認める価値ではない。そしてまた、山に登るときに、「黄色く、白く、良質で、氷のようで、金色のはちみつ」（プーが聞いたらよだれを流しそうな表現！）を持って行くと言い張った。はちみつが必要なわけは、「はちみつを貢ぎ物にしよう」と思ったからだ。しかし、一人になるとこう言った。「はちみつを貢ぎ物にしようと言ったのは、ただの策略だ……」これをどう理解すればいい？

プーの世界ではだれがツァラトゥストラか？

ツァラトゥストラと動物たちの関係を見るかぎりでは、クリストファー・ロビンと「かれの」動物たちとの関係に似ているという説をとる人もいるだろう。かれらはその説を擁護するために、いま論じている章ではツァラトゥストラがただひとりの人間であるように、クリストファー・ロビンはミルンの本に登場するただひとりの人間だという点を指摘する。また、クリストファー・ロビンが最後にあの森から出て行ってしまったことは、ツァラトゥストラが山の頂上で動物の友人たちと別れたのに似ているとも言う。

これだけを聞くと、もっともな説のように思えるが、そこから説明できる事実にあてはめようとすると、たちまちくだけちってしまう。なるほど、クリストファー・ロビンとツァラトゥストラはかれらだけの集団の中ではたったひとりの人間だが、二人の類似点が表面的なのにくらべると、二人の相異点は奥が深い。クリストファー・ロビンの知的限界のことはもう十分話してきたから、もはや、かれとツァラトゥストラを同一視しようという読者はいまい。ここで、その反証をいちいちあげるのは余計なお世話だろう。

このクリストファー＝ニーチェ説にしがみつくのはものすごい頑固者だけで、あとの方々は、もっと適当な人物をあげてくれと要求してくることだろう。他人のあやまちをただ否定していくのも理にかなったことではあるけれど――すごく楽しいとまでは言わないが――それよりいいことは、そのあやまちをもっと真実にちかいものに、少なくとも、もっと証拠に合ったものにおきかえることだ。

ここでぼくたちが直面する問題はこれだ。プーの世界のだれがこの特別な文脈の中でツァラトゥストラの役割を演じているのか？　鋭い読者ならもう直観でわかっただろう。こたえは、「偉大なるクマ」本人だ。かれの卓抜なあの知性をみれば、これははじめからわかりきっていたことだ。しかし、こんな先天的《アプリオリ》根拠にたよっていてはいけない。いや、たよる必要もない。この説を支える経験的根拠はいくらでも出てくるんだから。

たとえば、（1）プーが自分の生活の孤独と森の住人たちの社会との間を行き来する様子は、ツァラトゥストラが孤独と社会の間で揺れ動いていた姿のレプリカである。（2）プーは木に登る、ツァラトゥストラは山に登る。ついでに言うと、プーは風船で地上高くにまいあがったのだから、プーの勝ちということになる。（3）プーがモモンガーの足跡を追ってぐるぐる回った話にはいくつもの意味があるが、その一つは、ニーチェの「永劫回帰」という風変わりな教義をあらわすことだ。この教義は「ものはすべて永遠に回帰し（くり返しあらわれ）、我々自身もともに回帰する、だから、我々は以前にも無限回数存在していたのだし、我々とともにあるものもまたそうなのだ」というものだ。

四つめの根拠は、はちみつは「不平家のクマでさえ……ガツガツもとめる」ものだというツァラトゥストラのことばにある。このことばをどう解釈しようか？　まっさきに言えるのは、プーはどうみても不平家ではない。だから、プーと不平家のクマとの間に一対一の対応関係はない。もし、ニーチェの「でさえ」ということばの重みをきちんとはかれば、いや、そうしなければならないからするのだが、そうすると、このことばには二重の目的があることがわかる。それは、ここに語られているクマがプーのようにはちみつの愛好家である、しかし、プーとちがって不平家でもある、ということだ。このことから、不平家のクマと区別して、プーにはまったくちがった地位を与える、というよりも認める必要が出てくる。ニーチェが喜びを称賛し、うらみや不平を非難していたことから、プーの地位はただちがうというものではない――すぐれたもの、ということになる。

こうして、この文脈においてのツァラトゥストラはプー自身だということははっきりした。これで安心して先へ進める。ニーチェはいろいろなところでプーのことを超クマ《スーパー・ベア》と、ほのめかすように、しかし、まちがいなく認めているが、これはその中のほんの一例にすぎない。『ツァラトゥストラはかく語りき』の「はちみつの貢ぎ物」の章とプーとのかかわりを正確に見定めたところで、次にはちみつの問題にうつるとしよう。プーとの明白なかかわりは、ゾゾのわなのエピソードからわかる。

「ぼく、ゾゾをつかまえることにしたんだ」。プーはこう決意をのべると、わなのおとりにははちみつを使うことに決める。このエピソードについては、もういくつもの視点から考えてきた。ここではニーチェが『ツァラトゥストラはかく語りき』の中で言及したはちみつにそって検討していこう。すぐに思い当たるツァラトゥストラのことばは、はちみつをおとりとして使おうとしたときに言った修辞疑問文だ。「わたしは彼（高貴なる人）をはちみつの貢ぎ物で自分におびきよせたことはなかったか……？」

イーヨーとニーチェ

イーヨーはこう紹介されている。

年とった灰色ロバのイーヨーは、森の中のアザミのさくところにひとりで立っていました。まえあしをひらいて、頭をかたほうにかたむけて、なにか考えていました。ひとりでかなしそうに考えていたことは、ときには「どうして？」だったり、ときには「なにゆえに？」だったり、またときには「なにがために？」だったり……そして、ときにはなにを考えているのか自分でわからなくなることもありました。

ぼくの本の読者たちは、従来のプーの読者たち――クマ学研究者も哲学者も含めて――がプーの世界の哲学的深遠さに目をつぶっていたことにはなれっこになっているはずだ。それでも、このイーヨーの描写にまぶしいほどはっきりと示されている事実に今日までだれ一人コメントしていないと聞いたら愕然とするだろう。この描写はイーヨーがはじめて登場する場面のもので、だからこそ、その後のイーヨーに対するぼくたちの態度を決定する力を持つものでもある。

では、この描写からわかることは何か？　それは、イーヨーが何かを考えているということ。イーヨーが悲しそうに考えているということ。イーヨーが「どうして？」「なにゆえに？」「なにがために？」と質問していること。イーヨーがときには自分の質問の迷路にまよいこんでしまっていること。これらはすべてニーチェの『偶像の黄昏』の「格言と矢」の一一番目に書かれていることを具体的に示したものと言える。そのニーチェのことばはこうだ。

ロバが悲劇的になることがあるのか？……耐えられないのにはねのけることもできない重荷におしつぶされて……これは哲学者と同じだ。

ここにすべてがある——悲しみと、とりわけ哲学的な質問と、ときに麻痺してしまいそうなほどの複雑さと。

イーヨーとロバ祭り

イーヨーには哲学者の素質が十分あるから、大切な質問をはっきり打ち出すことができた。しかし、プーとちがってイーヨーにはその質問にこたえることはできない。この能力の限界は、森にすむ劣った住人たちでさえ、高い知的水準に達していることを間接的に示している。このことは『クマのプーさん』の最後の章でみんなが示してくれる。洪水でのプーのはたらきと勇気を称えてクリストファー・ロビンがパーティーを開く。イーヨーは自分のためのパーティーだとかんちがいして、主賓の座をのっとろうとする。しかし、ほかのみんなはイーヨーのこのこころみを無視してプーを称えつづける。

この話と『ツァラトゥストラはかく語りき』の「覚醒」と「ロバ祭り」の章に描かれている場面をくらべてみよう。「覚醒」では、二人の王、失職した教皇、一人の予言者らが集まってロバをおがんでいる。ツァラトゥストラはこれを見て驚く。祈りをこめてロバを称賛する人々の声に対して、ロバはかならずいないないてこたえる。イーヨーとの類似点は、崇拝者たちがロバを灰色と言っていること、「アザミでさえもあなた（ロバ）の心をそそる」と言っていることではっきりしてくる。

ツァラトゥストラはかれらの崇拝をばかばかしく思っているが、最終的には完全に非難しているわけではない。かれらがロバを楽しそうにおがむのは、精神的回復への一段階だと考える。ツァラトゥストラはかれらに、ロバ祭りを思い出しなさい、もしあなたたちがまたあのロバ祭りをくりかえすなら、わたしへの愛のためにおこないなさい、と言う。

イーヨーは愛すべき生き物だけれども、プーの世界の住人がかれを崇拝しているなんてことは考えられるだろうか？　もしそういうことがあるとして、それは精神の健康に向かう一段階と考えられるだろうか？　はっきり言えることは、超クマ《スーパー・ベア》が不平家のクマよりすぐれているように、この森の一般住人たちも、ツァラトゥストラの第四部に住む人々よりすぐれているということだ。

ぼくがこの章にあるいちばん奥深い要素、つまり、宗教的要素を無視したと考える読者もいるだろう。しかし、この要素を検討すると、自然神学の領域にまではいりこむことになってし

まう。自然神学も立派な哲学ではあるけれど、この短い入門書的な本の主旨は入門書にみあう内容をそなえることだから、宗教的要素までをここで検討するわけにはいかない。

ニーチェは実存主義の先駆者として考えられることも多いが、それは次の、そして、最後の章で扱うことにしよう。

7

プーと実存主義

マルセル、ハイデガー、サルトル、カミュ

実存主義――多くの意味をもつもの

マルティン・ハイデガー、ジャン・ポール・サルトル、ガブリエル・マルセル、アルベール・カミュ。かれらはふつう「実存主義者」と言われる思想家だが、当人はその呼び名を否定していることもある。実際、いくつもの重要ポイントでくいちがうことが多かった。しかし、かれらにはある絶対的な特徴が共通している。それは、プー物語の要所要所に興味深くて長すぎるほどの解説をつけている、ということだ。

時間についての覚え書き

時間は、多くの実存主義者たちの、とくにマルティン・ハイデガーにとってカギとなる概念だ。彼の一番長い著書には『存在と時間』という題名がついている。だから、「時間」をこの章の問題の一つとするのもいいだろう。これまでのところで、西洋哲学のほとんどがプーにいたる準備段階で、プーがその哲学の最高の解説者、および批評家であることはわかった。また、一九二六年（『クマのプーさん』の出版年）と一九二八年（『プー横町にたった家』の出版年）以降に出た哲学書については、クマ学につけられた解説と考えなければいけないこともわかっている。

ただ、ややこしいことに、この章で扱う哲学者たちのなかには、一九二八年をはさんで本を出版した学者もいる。また、ちょうど同じ年に出版した学者もいる。たとえば、ハイデガーの代表作は一九二七年——ミルンの二冊の本が出版された間の年——に出ている。これはただの偶然ではすまされない事実だ。

では、プーが解説している作品と、プーを解説している作品との境界線はどこにひいたらいいだろう？　これを決める責任は著者であるぼくにありそうだ。

プーの解説者としての実存主義者たち

実存主義の思想家たちをよく知っている人なら、プーがかれらに与えた創造的影響はすぐ理解できるだろう。従来の実存主義の定義が強調している特徴は、知識よりも存在を哲学の第一の問題と考えること、生物・無生物を問わず、自分以外に実在する存在とのかかわりも含めての具体的な実存について考えること、そして実存の問題を理論よりも経験に照らして解く必要を説くことである。

これらの特徴はぜんぶプーの世界に描きつくされている。まず、しょっぱなからプーは、「ハチの存在（Bee ＋ being ＝ Be(e)ing）」の問題を示している。こんな説はまじめにうけとれないと言う人もいるかもしれない。でも、このミルン的ことばあそびがハイデガーを触発して、ときにあやしげな語源学をも含むこまかいことばの分析を生みだしたことに疑いの余地はなさそうだ。表面下に疑問がのこるとしても、ハイデガーがプーの思考の分析をはば広く扱っていることを考えると、その疑問も消えるだろう。

実存主義は、外界とのかかわりや、実存の問題を解くことを強調したが、これはいろいろな形でたえずプーの世界に描き出されている。プー本人を――もちろんかれだけじゃないが――考えてみると、プーは一人で住んではいるけれど、孤独な思想家でもなければ、孤立した観察者でもない。かれは森にいて友だちといつも一緒だ。そして、はちみつやイーヨーのしっぽさがしや、北極、とんけんや、モモンガー追跡や、コブタ救出などにいつもかかわっている。

プーとガブリエル・マルセル（一八八九―一九七三）

クリストファー・ロビンは北極、とんけんに出かける準備をしながらプーにこう言った。

「だからぼくたちはみんな、食料をもってかなくちゃならないんだ」

「なに？」

「食べるものだよ」

「なんだ！」

プーはうれしそうに言いました。「ぼくはまた、食料って言ったのかと思った」


この一節もまたガブリエル・マルセルを触発してこう書かせた。

わたしの哲学を活性化する要因は、全体的に考えると、抽象という精神に対するあくなき戦いであるようだ。

マルセルの抽象に対するこの宣戦布告を、プーはなんてしっかりと実行にうつしていることか！　見てくれ、プーはクリストファー・ロビンに一般的で抽象的な「食料」ということばを「食べるもの」という具体的なことばに言いかえさせている。もう一つ見てもらいたいものがある。抽象との戦いをあらわすのにマルセルは少々抽象的なことばを使っているが、プーは自説を忠実に実行している。

例はこれだけではない。プーは抽象との戦いを何度もあざやかに見せてくれる。プーは甘美と光明、あるいは真実、あるいは絶対的なるもの、というような抽象的な言いかたはしないで、具体的にはちみつ、コンデンスミルク、そしてマーマレードと言う。さらにプーは無生物をあらわすときにだけ具体的なことばを使っているわけではない。ではここで、思いやりの心を具体的に実行した例を二つあげてみよう。

1　プーはフクロにこう言う……

「……ぼくの友だちのイーヨーがしっぽをなくしちゃったんだ。それでしょんぼりしている。どうやったら見つけてあげられるか、きみならわかるんじゃないかと思って」

2　みなさんは覚えているだろうか。『プー横町にたった家』の最後のできごとを。イーヨーがなにも知らずに善意からフクロにプレゼントしたものは、コブタの家だった。

そのときコブタは、プーが自分のことをうたってくれたあのすばらしいことばを思い出して、すばらしいことをしましたが、自分では夢を見ているような気分でした。

「うん、これはフクロにぴったりのうちだ」とコブタは気高くもそう言いました。

「きっとフクロはこのうちがきにいるよ」それからコブタは二回いきをのみこみました、というのは、コブタはじぶんでもそのうちがとてもきにいっていたからです。


それからクリストファー・ロビンがコブタはこれからどこに住むんだい？　とたずねた……


コブタがまだ思いつかないうちに、かわりにプーがこたえました。

「コブタはぼくと住むんだ、そうだよね、コブタくん？」とプーは言いました。コブタは手をぎゅっとにぎりました。

「ありがとう、プー。そうしたいと思ってたんだ」


この二つの例の中で、プーが推奨しているのは、一般的な慈悲心ではない。プーは特定の人に対する特定の親切をしている。コブタについて、ジョン・マッカリー教授のことばで言うと、「かれは一つの個性を投影し、実現している」。個性を実現するという考えは、さっきの例の二つめのほうで強調されている。コブタの寛大な態度は、プーの歌によまれた英雄的イメージの通りに生きたいと望んで生まれたものだ。

ぼくがこの二つを例に選んだのは、まだ一度も引き合いに出していなかった、というだけの理由だ。しかし、例はほかにもあるとみなさんはもう気づいているはずだ。イーヨーの誕生日の話も、イーヨーの家を建てた話も、コブタを洪水からすくった話も——これらはぜんぶ特定の人に対する具体的な親切の行為としてまず頭に浮かんでくる例だ。これらの話の中のプーの行動は、ウィリアム・ブレイクのあの格言に見る精神にもとづいている。「だれかに親切にするからには、個々の細部にわたってやるべきだ」。そう、ブレイクは、実存主義との重要なつながりをもっている。

プーとハイデガー（一八八九—一九七六）

この項目の前書きとして言っておくが、ハイデガーほど論争のたねになる人物もめずらしい。プロ級の判断力のある人は二〇世紀最大の哲学者とランクづける。そうでない人たちは思い上がったくわせものとみなす。たとえそうであったとしても、これからお見せするように、ハイデガーはあの「偉大なるクマ」の熱心な研究者だったから、プーの痕跡はハイデガーの著書のいたるところに見られる。だから、この章ではこまかく見ていくことが要求される。「プーの世界」というよく聞くことば自体、ハイデガーとの強いつながりを暗示している。『存在と時間』の英語版につけられた索引をみると、「世界」の項目だけで一一六はくだらない。しかも、「世界内存在」という項目は別にしての話だ。これを見るだけで、ハイデガーがどんなに徹底して「偉大なるクマの世界」を研究し、考えてきたかははっきりするはずだ。ただ、師であるプーの深遠なる思想だけじゃなくて、文体のわかりやすさをもハイデガーが学びとっていさえすればよかったのだが！

プーははちみつをとる道具として風船を使った。これは、外界を扱うには道具や装置がいるのだというハイデガーの主張を解くカギだ。ハイデガーは装置をさすのに「手元にある」ということばを好んで使ったが、これも、「そのへんに風船みたいなものないかなあ」というプーの発言にある「そのへん」ということばから引き出されたものだ。

プーとハイデガーと思索

ハチたちとのかかわりあいの後半で、プーはこう言う。「ぼく、ずっと考えてたんだ。やっと決断したよ。ハチのしゅるいをまちがえたんだ」。傍点がつけられたところは、作者がとくに重要だと言っているところだ。このクマ学的発言にある三つの文は、ハイデガーを触発して何ページもの文章を書かせた。だから、この三つを一つずつ検討していこう。

1「ぼく、ずっと考えてたんだ」。これをみるとすぐに思いつくのが、ハイデガーの晩年の著書、『思索とはなにか?』だ。このプーの発言はハチに刺されたときのものだということはもうご承知だろう。これは、ハイデガーが決定的質問と言う「我々に思索するよう命じるものはなにか?」に対するこたえだ。プーの場合、そのこたえは簡単だ――ハチに刺されること。

ハイデガーが人を思索に導くものは存在にかんする問いだと気づいたのは、まちがいなく、プーのおかげだ。こう言ってもいい。彼を思索へと刺激したものはなにか? 存在についてのまちがった概念である。プーが文字通り――象徴的でもあるんだが――刺されて悟ったように、ハイデガーは比喩的に刺されてまちがいを悟った。ハイデガーがこの語呂合わせをとらえて、これを広大なる彼の思想の基盤としたことになんの疑いが持てるだろう?

2「やっと決断したよ」。「決断」はハイデガーの大好きなことば「決意性」と同類の意味だ。プーは風船で浮上して地面にもどってくるまでのほんの短い間にこう言ったのだ。これを考えると、いまの説にはいっそう確信が持てる。ハイデガーは、「決意性は(真正な自己を)その世界から切り離しもしなければ、自由に浮遊する『われ』となるように孤立させることもない」と語っている。決然たる決断と、自由に浮遊する「われ」の否定の実演との結びつきを考えると、このことばがプーの「決断したよ」に対するハイデガーのコメントであるということは、疑う余地のない事実となる。

3　「ハ、チ、の、じ、ゅ、る、い、を、ま、ち、が、え、た、ん、だ」。プーはさらにハチがまちがいということは、はちみつもまちがいということだ、と言う。これでわかるだろう。プーがまちがえたハチを却下したのは、まちがった存在（ハチ）の概念は、真実や知恵（はちみつ）のかわりにうその哲学を生み出してしまうことになるからだ。これを見抜いたからこそハイデガーは、『存在と時間』というあの大作を書き上げることができたんだ。

プーとハイデガーと言語

プーは「詩や歌ってのは、こっちがつかむものじゃなくて、あっちからこっちをつかむものなんだ」と言う。ハイデガーはこれを一般論にして、「言語は語る」と書いた。

もっと入り組んだ例も検討してみよう。

あさごはんのとき……プーはとつぜんあたらしい歌を思いつきました。それはこういうでだしです。

ホー！　とうたえ、クマのために

ここまでうたうと、プーは頭をかきかき考えこんでしまいました。「歌のでだしとしてはすごくいいんだけど、次はどうしよう？」

プーは二、三回「ホー」とうたってみましたが、どうにもなりませんでした。プーは考えました。「クマのためになら、『ハイ』ってうたったほうがいいかな」

そこでそううたってみました……でもだめでした。

ハイデガーが『言語の本質』の中で書いた注釈はこうなっている。

しかし、もし、いままで言われたことのないものを言語に入れることが問題だとすると、すべてのものは言語が適当なことばを与えるか与えないかに依存する。詩人の場合はそういうことだ。

「ハイ」をかわりにおいたのでは満足のいく結果はえられなかった。
「じゃあ、こうしよう」、とプーは言いました、「この最初の一行を二回つづけてうたうんだ。すごく速くうたったら、自分で考えつくまえに、三行目と四行目がしぜんに出てくるかもしれない。それですてきな歌になるかもしれない」

この一節はさっきのプーの引用の続きだが、ハイデガーの引用文にも続きがある。「実際、詩人は——自分なりの、つまり、詩的方法で——言語の中に言語にかんする自分の経験をもちこまざるをえない状況になることもある」。さらに、おどろくことに、ハイデガーはこうことばを続けている。「歌は、歌になってからうたわれるのではない。そうではなくて、うたっているうちに、歌は歌になるのだ」

これはあきらかにプーが「すてきな歌」を完成させて勝ち誇っていたあの瞬間のことを言っている。同じようなことだが、ハイデガーはシュテファン・ゲオルゲの詩「ことば」を引用している。もちろん、プーの方がすぐれていることはいなめない。というのは、プーは自分の詩を作っているのに、ハイデガーはほかの人の詩を引用せざるをえないからだ。

ハイデガーの『言語の本質』は一九五九年に出版されている。つまり、ハイデガーはもっともすぐれたプーの解説書のひとつを生み出したことになるから、ぼくたちはかれにお祝いを言わなければならない。

プーとハイデガーと北極とんけん

北極とんけんの話にはハイデガーに与えた影響がとくにたくさんある。北極とんけんの章の出だしにあるプーの「すてきな歌」がハイデガーと深くかかわっていることはもうお話しした。次に考えたいのは、とんけんそのものが、「森のてっぺん」からはじまって、国中をとおって行ったことだ。北極がほかのものと同じように哲学的真実をあらわしていることはもうわかっている。だから、「思索はこの国にあって、国中を歩いている」と書いたときのハイデガーの頭の中にこの北極とんけんがあったことは言わずと知れるはずだ。

国中を歩きながら、プーとプーの仲間たちは、「きけんなところ」をとおる。これをうかつな思索者をまちうける危険にたいする警告と言ってかたづけてしまうのは簡単だ。ここにはそういう意味があるにはあるが、ここまで勉強してきたぼくたちには、もっと深い何かがあるのではと思われてならない。プーにかんしてはいつもそうだったが、その何かはすぐにわかる。

みんなは川の両岸にひろがっている土手にやってきました。土手には草のはえたところがほそ長くのびていましたから、その上にすわって休むことができました。

これはあきらかにハイデガーの言った「ゆったりとした休息を……与えてくれる……ちょっとした空間」だ。

せっかちな読者なら、「これはたいへんけっこうだけど、これのどこが『きけんなところ』なんだ」と言うだろう。そうせかさないでもらいたい。いま、ぜんぶお見せするから。

クリストファー・ロビンの考えでは、そこは危険な場所だった、なぜなら……

「ここはまちぶせこうげきをするのにもってこいのばしょだ」

「それってどんなき？　ハリエニシダのきかな？」とプーはコブタにささやきました。

フクロがまちぶせこうげきとは不意打ちをくわせることだと説明する。

「ハリエニシダもときどき不意打ちをくわせることがあるんだ」とプーは言いました。

「まえに木からおちたとき、ハリエニシダがとつぜんぼくにとびかかってきて、とげをぜんぶぬくのに六日もかかったよ……とプーは言いました」。これはハイデガーの、「場所の方からぼくたちに会いにくる」ということばにあてはまる。ハリエニシダが自分にとびかかってきたということは、場所の方からこっちにやってくるというあいまいな観念を実際にやってみせてくれたということだ！

ほかにも関係のあることばはあるが、それは省くとして、次に、この章のクライマックスにうつろう。北極を発見する場面だ。

プーは手にもっている棒を見ました。

「ぼく、ただ見つけたんだ。きっとやくにたつと思って、ひろったんだ」（ここでもまた、「手元にある」という観念と「用具」という観念が関係してくる。）

「プー」と、クリストファー・ロビンはおもおもしく言いました。「たんけんはおわりだ。きみは北極を見つけたんだ」

これはまちがいなくクリストファー・ロビンが勝利をおさめた瞬間だ。木の棒《ポール》を見つけたのはプーだが、それに北極《ノース・ポール》と名づけたのはクリストファー・ロビンだ。ここでまちがいなく思い出すのは、ハイデガーのあのことばだ。「ことばで名前をつけることこそ、発見することで

ある」

この結論に首をひねる読者もいるだろう。真《しん》の発見者は人はいいけど頭の鈍い少年だと本当に信じていいものなのか？　かれがいちどでも「偉大なるクマ」にまさったことがあったか？　百歩ゆずってそういうことがあったとしても、それじゃあどうしてプーは「誇らしく感じて」帰宅したのか？

もっと鋭い読者なら、このできごとの本当の意味が理解できるはずだ。プーは小さい木の棒《ポール》（小文字のp）を見せることでクリストファー・ロビンに正しいこたえを教えたのだ。探求という状況の中でプーはクリストファー・ロビンに、それは極《ポール》（大文字のP）だとわかってもらおうとした。そのことではプーの期待ははずれはしなかった。プーが――確かに――誇らしく感じたのは、見込みのない生徒にうまく教えることができたからだ。ついでに言うと、棒(pole)と極(Pole)の区別はハイデガーを存在者(being)と存在(Being)という重要な区別に導いた。

なのにどうして！　クリストファー・ロビンはこのときに見せた希望の光を失ってしまった。いちばん最後のところでクリストファー・ロビンはとりとめのない事実を誇らしげにならべたてて、自分が教育をうけていることを証明した。そして、森を出て行った。ハイデガーは道をたとえにつかうのが好きだった。つまり、森を出ることは哲学から完全にはなれていく道をとるということだ。きっと、クリストファー・ロビンには哲学の森が合わなかったということなんだろう。

プーと一二このつぼの呼び声

トラーのはねっかえりをなおそうとして失敗したウサギは、最終的に自分がまいごになってしまう。ついさっきまでウサギと一緒にいたプーはこう言う。


「コブタくん、それじゃあ、うちに帰ろうか」

「でもプー、きみ帰りみちがわかるの？」

コブタはすっかりこうふんして言いました。

「ううん」とプーは言いました、「でも、うちのとだなにはちみつのつぼが一二こあるだろ？その一二こがもう何時間もまえからぼくのことをよんでるんだ。さっきはそれが聞こえなかった、だってウサギがずっとしゃべってたからね。でも、もうだれもしゃべる人がいないから、つぼがどこからよんでいるのかぼくにはわかる、と思うんだ」

ここでプーは、存在——ここでははちみつのつぼ——の声を聞くということはどういうことかを教えてくれている。研究者としてのぼくたちは、原文を説明するというよりもむしろ混乱をまねいている解説になれてしまっている。正直言って、この一節につけたハイデガーの解説も、そういうぶざまな例のひとつである。「用意周到な関心をうちに秘め、なんらかの影響を受ける性格をそなえたもの」としての存在に向かって開かれた態度を語ることは、ミルンがここでわかりやすく語っていることを極端に重苦しく表現しただけのことだ。つまり、プーは自分の周りを見ており(ハイデガーのことばで言うと、用意周到な)、そして、はちみつと家に帰ることの両方に関心があり、また、その両方に影響されている。

とはいえ、ハイデガーがプーの解説をしようとしたことは疑えない。とくに、ハイデガーが「理解する聴きとり」について話したことを考えると、これは確かだ。この聴きとりについてはプーがこの場面でみごとに見せてくれている。これにかんしての証拠はまだある。プーはウサギがしゃべっていたからはちみつのつぼの声が聞こえなかったと言っている。ハイデガーはこのおしゃべりという妨害について短いコメントをよせている。「むだなおしゃべりは本来、話の流れをせき止めるものである」。

見たところ体系だっている思考をこりずにくり返すウサギの姿はハイデガーのこのコメントを引き出した。「計算高い思考はやむことなく、収拾することがない……黙想的な思索は存在するすべてのものを統《す》べる意味を考える」。ハイデガーはあいまいなことも多いが、ウサギをこんなにみごとに簡潔に言いあらわしたことでは祝福されるべきだろう。

ハイデガーと「プー」の終わり

クマ学研究者たちは、『プー横町にたった家』の最後の悲しみに耐えられる唯一の理由は、この本が永遠に読まれるものだと経験からわかっているからだ、と口をそろえて言う。最後の章の題名は、「まほうのかかった場所」だ。そして、最後のことばは「ふたりはいっしょに出かけて行きました。でもふたりがどこへ行っても、そして、その途中でなにがおきても、あの森のてっぺんにあるまほうの場所へ行けば、少年とクマはいつでも遊んでいるのです」。ここを読んだ人はだれでもすぐにハイデガーのあのことばがこの一節に対するコメントだとわかるだろう。「そこに属するすべてのものが、休息するためにもどるというまほうの場所」

ハイデガーはふつう実存主義者と呼ばれる人物たちの中でもいちばん偉大な哲学者と考えられている。もっとも自分ではこのレッテルを否定していたのだが。しかし、「実存主義」を一九五〇年代・六〇年代の流行語と受けとった人たちには、かれはあまり知られていなかったし、その本もあまり読まれなかった。かれらにとっての実存主義者は、黒いジーンズをはき、黒いタートルネックのセーターを着て、不安《アングスト》（特定の対象なしに抱く一般的な恐れの感情）や本物の生き方について議論している人たちのことだ。もし、かれらに実存主義者の名前を一人あげてくれと言ったら、まず全員がジャン・ポール・サルトルの名前をあげるだろう。では、ここでそのサルトルにうつるとしよう。

ジャン・ポール・サルトル（一九〇五—八〇）

サルトルの名声は、その政治活動によるところもあるし、小説家・劇作家としての功績によるところもある。事実、かれは哲学者としてより、小説家・劇作家としての方がずっと優秀だった。かれの哲学的代表作『存在と無』にあるいちばん印象的なところは、かれの小説や戯曲に書いてもよさそうなできごとをあざやかにドラマ化したものだ。

プーと『存在と無』

『存在と無』はサルトルの代表的な哲学書の題名だ。初版が一九四三年（フランス語の原作では六八二ページ、ヘイゼル・バーンズの英訳書はそれより大判で六二六ページ）ということは、『クマのプーさん』を解説した一冊の本としては、これがいちばん長いことになる。

サルトルの概念のカギとなる「無」が『プー横町にたった家』第三章から引き出されたことをだれが疑うだろうか？　「プーは……うっかり森のなくなったところを踏んでしまいました」という一節があったから、サルトルの「無はなにかの無である」というコメントが生まれた。つまり、森の一部のはずのところが無くなってできた穴に落ちることで、プーは無を経験したということになる。自分は落ちてしまったとプーが判断したのは、森の一部が無くなっていたから、その結果下されたものだ、ということは、プーが実演しているのは、サルトルの抽象的なあのことば、「否定判断（そこには森の一部は無い）は、非存在によってつくり出され、支えられている」ということになる。

クリストファー・ロビンがコブタに、ゾゾってどういうもの？　と聞くと、コブタは、「ものすごく大きなゼロのようなもの」とこたえる。イーヨーから家が消えたと聞くと、クリストファー・ロビンはイーヨーと一緒に「イーヨーの家がない」ところに出かけて行く。「無」の問題にかんしての通りいっぺんの説明はこれでよしとして、いよいよクマのプーがこの問題に真正面からとりくむところを見ることにしよう。

『プー横町にたった家』の最初のページで、プーは「コブタのうちに出かけて行って、コブタがなにをしているのかたしかめようと思いました」。しかし、プーには確かめることができなかった、なぜなら、「うちの中をみればみるほど、コブタはいませんでした」から。

サルトルの『存在と無』の冒頭のなんページかだけでも読んだ人なら、プーのこのエピソードを聞いて、サルトルがピエールとの約束をまもってカフェに行ったらピエールはそこにいなかったという逸話を思い出すだろう。サルトルは、「いないピエールがこのカフェにつきまとっている……」と書いた。ミルンの「みればみるほどコブタはいませんでした」と比べてもそうひけはとらない。もっとも、サルトルのことばにはミルンの偉大なるオリジナルほど鮮明な具体性はないけれども。

もちろん、具体性に欠けるというのは学究的な解説に典型的なことだが、サルトルが解説に要した文の長さもまた、その典型だ（サルトルはこれを言うのにまるまる一ページ半も使ったが、ミルンは短い段落ほんの一つですべてを語った）。

『プー横町にたった家』の終わりのほうにある一節がサルトルに与えた影響はまた一段と奥が深いようだ。

（クリストファー・ロビンは言いました）「……ぼくがいちばんしたいことは、なにもしないことなんだ」

「なにもしないことをどうやってするの？」ながいこと考えてからプーはききました。

「うんとね、出かけて行くときに、『クリストファー・ロビン、きみなにをしにいくんだい？』ってきかれるとするでしょ、そのときに『なんにも』ってこたえて、なにもしないことをしにいくことだよ」

「ああ、そうか」とプーは言いました。

「ぼくたちがいましているような、なにもしないこと、ってわけさ」

「ああ、そうか」プーはまたそう言いました。

「つまりね、出かけて行って、きこえない音をきいて、それで、くよくよ考えこんだりしないってことさ」


きついことは言いたくないが——いつもはそれが楽しいんだが——言わなければならないことがある。このミルンの書いた一節がサルトルの思想にもっとも重大な影響をおよぼしたということは、哲学者としてはサルトルの方が劣っているというしるしだ。「偉大なるクマ」が楽々とやりとげ、クリストファー・ロビンでさえもほんの二、三行で説明できたことを、サルトルは六〇〇ページもかけてくわしく論じてしまったんだから、残念だが二流と言うしかない。もしかれがクリストファー・ロビンの最後のことばにもっと注意をはらって、そしてくよくよ考えこんだりしなければ、事態はこれほど悪くはならなかっただろうに。

そうは言っても、サルトルの劇作家としての力量は認めざるをえない。たとえば、『出口なし』はいかにもありそうな現代の地獄が舞台となっている。そこにはいわゆる肉体的な苦しみはない、というのは、主役の三人は、精神的・心理的に苦しめ合うように運命づけられているからだ、永遠に。

このぞっとするような光景が、どうしたら明るいプーの世界と結びつけられるのか？『出口なし』の三人のおたがいに拷問にかけあう者と、親切で協力的なプーの世界との共通点はなんだ？　運命にのろわれた三人がとじこめられた第二帝国の閉所恐怖症になりそうな部屋と、プーやその仲間たちが自由に歩きまわる広々とした森との間の共通点はなんだ？

はっきりとしているこたえのひとつは、主体と客体の間にあってこの二つを分けている「無」の概念を思い出すことだ。この解釈によると、「無」は主体であるサルトルと客体であるプーの世界を分けることになる。こうして切りはなされた主体のサルトルは、自分が不安と嘔吐に没頭していることに照らしてテキストを解釈することになる。

この説明は魅力的だが、読者のみなさんには強引と思われるだろう。これにはぼくも同感だ。ぼくが一番したくないことは、テキストからはっきりと必然的には出てこない解釈をひけらかすことだから、もっとよく考えてみなければならない。

この場合、『出口なし』を形式的な意味での解説とみるより、そのもの自体が創造的な作品であると考えたい。それでもやっぱり、そのインスピレーションは『クマのプーさん』のおかげだけれども。こう考えると、劇作家としてのサルトルの天分を認めることができると同時に、ぼくたちがいま研究しているミルンのこの偉大なる本に、新しい側面を見いだすこともできる。新しい側面、つまり、ほかの作家にインスピレーションを与えて代表作を書かせる力、ということだ。またここで、ぼくたちはこの本の法外な豊かさに驚かされることになる。たったひとつの短い段落だけで、偉大な脚本を生み出すインスピレーションを与えることのできた本が、いままでにいったい何冊あっただろうか？

たったいま確立したプーとサルトルの関係は、二人とも哲学と文学を結びつけた――プーは詩人として、サルトルは小説家兼劇作家として――ということで、ほかには類をみない。

プー、不安、自己欺瞞、本物

読者のみなさんがひそかに期待していた質問をこのへんでそろそろとりあげよう。プーはどのように不安と嘔吐を扱っているか？「不安」は実存主義の本の多くに共通することばだ。「嘔吐」の方はサルトル固有のことばで、サルトルの小説の題名にもなっている。これは偶然でもなければ、末梢的なものでもない。実存主義者たちはみな、人間の存在には抑圧が多く、それと対立しなければいけないと強調している。この抑圧に直面したときの自由選択だけが、人間にとって本物の人生を生きる道だ。ここから逃げたりこれを無視したりすると、自己欺瞞のうちに生きることになる。そうなると、ぼくたちの選択に対するぼくたちの責任も否定することになる。実存主義についてこうした事実をふまえておくと、質問はこうなる。プーの世界とのつながりはどこにあるのか？

こたえはいくつか考えられる。(1) この実存主義の考え方をプーの世界への対立的批判と考える。実存主義者たちはこのプーの世界を自己欺瞞の世界、臆病な逃避の世界と言うだろう。(2)『出口なし』につけた解釈をほかの実存主義の本にもあてはめる。つまり、ミルンを解説したり批評したりした本である、というよりは、ミルンにインスピレーションを与えられて生まれた本であると考える。(3) ミルンの本でざっとしか扱われていないテーマを拡張した本であると考える。

いままでもたびたびそうだったが、「あれかこれか」よりも、「あれもこれも」のこたえの方が実りが多いようだ。そこで、ある程度までこの三つのこたえぜんぶを採用する、そうすると、究極のジンテーゼまでが見つかるかもしれない。では、順番にひとつずつ考えて、それからぜんぶを組み合わせることができるかどうかを検討しよう。

1 「トラーはいいやつだよ。本当に」とコブタはぐずぐず言いました。
「もちろん、いいやつだよ」とクリストファー・ロビンは言いました。

「みんな、いいやつだよ、本当に。ぼくもそう思ってたんだ。でも、ちがっているかもしれない」とプーは言いました。
「もちろん、ちがってないさ」とクリストファー・ロビンは言いました。

サルトルが『出口なし』の最後につけた有名なことば、「地獄とは他人だ」とこれ以上矛盾することがあるだろうか？　確かに、ミルンのこの短い一節には、『出口なし』や『嘔吐』の著者ならプーの世界は苦々しい現実を回避していると考えてしまいそうなものがすべて含まれている。

『プー横町にたった家』第六章ではウサギが川からあがってきたイーヨーにこうたずねる。

「イーヨー、どうして落ちたんだい？」
「わしゃ、落ちとらん」とイーヨーは言いました。
「でも、きみは……」
「わしは、はねとばされたんじゃ」とイーヨーは言いました。

ウサギははねとばした犯人はトラーだと考える――トラーは生まれつきよくはねるから、これは理性的な判断だ。トラーは最初イーヨーをはねとばしたことを否定する。しかし、序々に告白していく。「ぼくは本当にやってないよ。でも、せきはひとつした。それで、そのときたまたまイーヨーのうしろにいたよ、それで、そのとき『ガルルルーウウウ――ピチシュチャッツ』って言ったけどね」そのあと、おこりながら、「ぼくははねとばしたんじゃない、せきをしたんだ」と言い、ついには「うん、せきとばしみたいなことはした」と認める。

ここにはサルトル的な本物の欠如の例がはっきりと二つも示されている――現実からの逃避と、個人的責任からの逃避だ。この例は、特定の状況での特定の個性が生み出したものだ。が、まずはこれを見てもらいたい。

でも、もちろん、これは本当のさよならじゃありません。だって、森はいつまでもずっとそこにあるのですから……クマと友だちになれば、見つけられる森なんです。

……森のてっぺんにあるこのまほうの場所ではちいさい男の子とその子のクマがいつも遊んでいるのです。

この二つの文は、作者が自分の声で直接語ったものだ。それぞれ、『プー横町にたった家』

の最初（前書き）と最後に書かれている、ということで、とくに重みが増す。

こうみてくると、実存主義の対立的批判、という第一のこたえに勝ち目がありそうだ。しかし、判決を下すのはちょっと待って、第二、第三のこたえを先に検討しよう。

2　実存主義者にとっての『クマのプーさん』と『プー横町にたった家』は、批評したり解説したりする本ではなく、インスピレーションを与えてくれる本であった、と考えられる。この考えには大いに賛同できるが、その性質上——特別な、というよりも一般的な——このように短い初心者向けの本の中で納得のいくまでこの説を弁護するのはむずかしい。まあ、二、三言っておくだけにとどめるとしよう。この説に興味がある人は、あとは自分でできるだろう。

ぼくたちがしてきた解説の中で、ルーにはいままで出番がまったくなかった。でも、やっとかれの番がきた。ルーのことでいちばんはっきり思い出せることのひとつは、ルーの強壮剤だ。「ルーはあれが大きらいなんだ」とコブタが教えてくれた。「あれ」とは何か？「麦芽エキス」だ。「麦芽エキス」を言いあらわすのに考えつく形容詞は何か？「ねばねば」だ。ルーに吐き気をもよおさせるねばねばした物質への言及が、サルトルの『嘔吐』のもとになっていることに疑いの余地はない。あの名著をざっと読んだだけでもこれは納得できるだろうし、また、読むだけのことはあるだろう。

「プーはのっしのっしとやってきて」イーヨーのしっぽがなくなっているのに気がついた。これについて、イーヨーとすこし会話をかわしたあと、

プーはなにかやくにたつことを言わなくちゃと思いましたが、なにを言ったらいいのかぜんぜん思いつきませんでした。そこで、そのかわりに、なにかやくにたつことをすることに決めました。

「イーヨーくん」プーはおごそかに言いました。「このプーがきみのしっぽを見つけてあげる」

この場面をちょっとよく考えてみよう。プーは森の中を「のっしのっし」とやってくる。ミルンはフローベル的な厳密さで「的確なことば《モジュスト》」をえらぶから、ここでこのクマが、ウロウロうろつきまわっていたのではなく、確固たる目的、つまり、それ以前に決心したなにかを心に抱いて前進していたことがはっきりとわかる。しかし、イーヨーがうちひしがれているとわかると、かれはすばやく、そして、きっぱりと新たな決心をする。まず、役にたつことばを考えるが、この状況にふさわしいことばはないと一瞬にして判断する――イーヨーのしっぽをとりもどせることばがあるっていうのか？　たちまち、かれは行動しようと決意する――そして、

行動する。

サルトルは「実存主義とヒューマニズム」という題名で英訳が出ている講演をおこなったときに、きっとプーのこの決意を思い出したにちがいない。講演の中でサルトルが言った逸話を覚えているだろうか。第二次世界大戦中にある若者がサルトルのもとへやってきて、自分のかかえている問題をどうしたらいいかとたずねる。それは、未亡人となった母のためにフランスにとどまるべきか、ド・ゴール将軍ひきいる自由フランス軍に参加してイギリスへ渡るべきか。プーの決意とこの若者の選択の話が似ているのはあきらかだが、二、三くわしく調べていく価値はありそうだ。

目的を持ったプーの決然とした態度は、ちょっとした旅にたつことを意味している――言いかえれば、若きフランス人がイギリスへ旅立つようなことを意味している。ただ、この場面では、プーにはなんのジレンマもなかった、というのは、人道的義務として、ほかには選択の余地はなかったのだから。イーヨーがなくしものをしてこまっていると知ったからこそ出てきた義務だ。サルトルの若き知人とちがって、プーは自分のすべきことを決めるのにアドバイスをもとめずに、責任ある完璧な自由の中で自分の実存的選択をしている。こうして、プーはサルトルがあの若者に自分で選択させたことで強調しようとした「本物」に到達していた、ということになる。

3　いよいよ三つめのこたえだ。実存主義の本はプー物語でちょっとふれているだけのテーマを拡張したものである、と考えるのが三つめのこたえだ。これを検討するにあたって、第一の解釈で見たあの一節にまたもどることになるが、こんどはもっと綿密に分析しなくてはいけない。

まずはトラーについての意見を、発言順に、コブタの意見、プーの意見、クリストファー・ロビンの意見、と見ていく。さっきはここにあらわれたいちばんわかりやすい意味をとるだけで満足してしまった。しかし、ここではこの短い会話を次のような命題に分けてみよう。

1　トラーは本当にいいやつだ、という意見。（コブタ）
2　とうぜんのことながら、トラーはいいやつだ、という意見。（クリストファー・ロビン）
3　みんないいやつだ、という意見。（プー）
4　プーはみんないいやつだと思っている、という意見。（プー）
5　みんないいやつだというのが事実だと考えている自分は正しいというのが事実だとは考えていない、というプーの意見。（プー）
6　プーは正しい、という意見。（クリストファー・ロビン）

命題1と2と6は、だいたいのところそのままの意味だ。ただし、クマ学研究者たちは、6のクリストファー・ロビンの発言はあいまいで、次の二つの解釈ができると言う。(a) みんないいやつだと考えていることにおいてプーは正しい、あるいは、(b) この判断があやまりだと考えていることにおいてプーは正しい。ぼくとしては、(b) は直観的にありえないと思う。というのは、そう考えると、クリストファー・ロビンにかれの能力をこえた緻密な思考があると認めることになってしまうからだ。

つまり、コブタの発言とクリストファー・ロビンの二つの発言はそのままの意味でうけとっていいということだ。もっとも、その意味がなんなのかはあとで考えなくてはならないが。さて、この問題の要点だ。「偉大なるクマ」自身の三つの奥深い問題含みの発言だ（命題の3、4、5にあたるもの）。

3と4の発言はストレートに語られているが、5の発言からは、それほどの自信が感じられない。重要なのは、このプーの最後の発言そのものと、これと1、2の発言との関係をどう説明するかだ。5の発言を「頭のわるいクマ」がそれらしくけんそんして自分自身を疑っている証拠だと解釈してはいけないと、いまさら読者のみなさんに警告するのは余計なお世話というものだ。こういう解釈があさはかだということは、もうこれまでに十分証明してきた。しかし、そうなると、どういう解釈をすればいい？

ちょっと心理学の領域にまよいこんでみると、あの真に哲学的精神を持った心理学者、マイケル・ビリッグ教授の、「思考とは自分自身との議論のようなものだ」という信念に思い当たる。これこそプーがこの例でやってみせていることだ。もっと哲学的に言うと、プーは弁証法的に考えているんだ。これでは実存主義的、というよりヘーゲル的じゃないか、と反論されるかもしれない。その反論に対するこたえはこうだ。サルトルはもともとの形とマルクス主義の形の両方で、ヘーゲル哲学の影響を強くうけていた。だから、「地獄とは他人」と力強く語ったサルトルの『出口なし』も、ぼくたちの目から見れば、この場面に描かれたプーの考え方の対極をドラマチックに詳述しているだけ、ということになる。

この結論は、奥が深くて複雑なプーの発言と、単純で表面的なコブタやクリストファー・ロビンの発言がおりなす鋭い対照を考えると、さらに確固たるものになる。コブタとクリストファー・ロビンはプーの世界の中の極端にバラ色の部分をあらわしているといって非難されてもしかたがない。一方、プー自身はあきらかにこの世界の下にある暗い面に気づいている。そのくわしい解説は実存主義者たちにまかせてしまっているけれども。事実、プーの解説はあまりにもあいまいだ――前の数ページを見れば、プーが実存主義者たちに解説させようとしていることはよくわかる。

同じことが、本物と自己欺瞞の扱い方にもあてはまる。イーヨーはねとばしの罪に対するトラーの反応をまた見てみよう。トラーは本物の責任を自分自身の選択でさける努力を長々とした。まずはただ否定する。それがダメとなると、典型的な自己欺瞞の型をこころみる。つまり、自分の行為への責任を、自分ではコントロールできないものごとに押しつけている――この場合、それはせきである。自己欺瞞という道徳的混乱は、「せきとばす」というその場かぎりの造語にみごとに要約されている。

このトラーの場面を思い描きながら、サルトルがあの一節を書いたことは疑えない――「実存主義者は情熱の力など信じていない。大いなる情熱を、運命のように人間をある行動へと巻きこむ破壊的激流とは考えない、だから、情熱が行動のいいわけとも思われない。人間は自分の情熱にも責任があると実存主義者は考えるのである」。サルトルがここで探求しているのは情熱の比喩として使われた「せき」だ――「せき」が換喩的には「くしゃみ」とつながっていくことを考えると、この比喩はもっとぴったりに思えてくる、というのは、「くしゃみ」はときに、男性の興奮《オルガスム》の頂点の比喩となるからだ。

コブタと実存主義的選択

「とてもチビなどうぶつだと、ゆうかんになるのはむずかしいんだ」とコブタはちょっとは

なをならしながら言いました。

「カンガはもっともどうもうなどうぶつのひとつであるといっぱんに言われているんだ」、そして、「その子供をうばわれた」ときには倍もどうもうになるんだ、と聞いて、コブタはカンガを恐れる。しかし、自分がウサギのルーゆうかい計画で重要な役割をはたすと聞くと、「コブタはもうこわがることをわすれてしまいました……」

プーはフクロを救出したときのコブタの英雄的おこないを称えて、こううたった。

おお、勇ましき、コブタ（コ・ブ・タ）！

ホー！

コブタはふるえたか？　コブタはひるんだ

か？

いや、いや。　かれは一センチ、また一センチと、
「郵便受け」をくぐりぬけ、
ぼくの目の前をはしっていった

プーがこううたうと、コブタは「……ぼ……ぼくはちょっとはひるんだと思うんだ。さいしょは。それなのに、『ひるんだか、いや、いや』ってうたってくれたんだね」
「きみは心の中でひるんだだけだ。目に見えるようにひるまないってことは、とてもチビなどうぶつにとってはいちばんゆうかんなことなんだ」とプーは言いました。
コブタはうれしくてためいきをつくと、自分のことをこう思うようになりました。自分はゆうかんだ……

ミルンが実存主義的な現実の中で見せてくれているものを、サルトルは抽象的なことばで解説している。「神経質な気質というものがある――それは血の気が少ないと言われる気質であり、一方、血の気の多い気質もある。しかし、血の気の少ない人間はだからといって臆病なの

ではない。臆病を生み出すものは、あきらめる、あるいは屈するという行為だ――そして、気質は行為ではない……臆病者は自分を臆病にし、英雄は人を英雄的にするのだ……」

本来の気の弱さをふりはらって、英雄としてのおこないをしたコブタの描写としてこれ以上すぐれたものがあるだろうか？

プーとカミュ（一九一三―六〇）

凡人はひまを楽しまない。（カミュ）

お日さまはにこにこポカポカしていました。だから、日なたにながいことじっとしていた石もぽかぽかしていました。だから、プーはきめました、午前中はこうしてこのままプーでいよう、と。

カミュの作品をよく知っている読者なら、カミュの項目の書き出しにしては、ずいぶんらしくない文を『シジフォスの神話』から引用したものだと感じるかもしれない。「凡人はひまを

楽しまない」ということばを、日光であたたまった石にすわっているプーの描写と併せて考えると、これは平穏を推奨していることばということになる。平穏は、あの有名な一文、「真に重大な哲学的問題は一つだけ、自殺である」ではじまる本にはふさわしくない。

カミュがプーから受けた影響はおもに対照によるものだと言えば、ぼくのこの引用も正当化されるだろう。これから見ていくことだが、カミュの世界の苦痛と不条理はプーの幸せな世界への反発である。しかし、恥ずかしいことに双方の専門家たちはこのプーとカミュの全体的なつながりを無視してきた。だから、ここでぼくの読者たちがその証拠を見たいと期待するのももっともな話だ。お見せできればぼくも嬉しい。

まず、カミュのポイントとなる概念——不条理——からはじめよう。かれにとってこれは人間が生活していく上で避けてとおれない必要条件だった。

カミュの引用から、プーが「凡クマ」でないことには同意できる。また、プーは「不条理なクマ」でもない。その理由はかんたんにわかる。カミュによると、「不条理は人間の必要性と、世界の不合理な沈黙との対立から生まれる」と言う。しかし、プーの世界は沈黙からはほど遠い。

まず、最初の二、三ページを見ただけでも、プーはブンブンという音を聞く。そのあと、イーヨーはワラビの茂みでパキパキいう音を聞く。コブタはフクロのギャアという声を聞く。森の小川はどこでもサラサラいっている。カッコーは声を出す練習をする。ジュズカケバトはそっともんくを言う。これは『クマのプーさん』からてきとうに選んだほんの数例だ。しかも、これらはただの音ではない——聞く人にとってなにか大切な意味を持っている。つまり、不条理の基本条件は、プーの世界に存在しないということだ。

カミュが不条理という概念と、この世界の生活を描いた苦々しい絵を生み出したわけは、プーの世界とこの世界がどんなにちがうかに鋭くも気づいてしまったからだ、という結論はさけられない。言いかえれば、カミュの作品はこの二つの世界の間のみぞに気がついたから生まれた、ということになる。これがわかったいまとなっては、「偉大なるクマ」がカミュに与えた影響がいかに基本的なことだったかを認めざるをえない。

カミュ自身も、口には出さなかったが、プーのおかげだと認めていたからこう書いたのだろう。「不合理、人間的ノスタルジア、そして、この二つが出会って生まれる不条理……」このことばからわかることは、カミュの不条理の世界はプーの世界へのノスタルジアから生まれたということじゃないか？　また、カミュはこのテーマを思いついたときにこう言った。「もしわたしが木々の中の一本の木だったら、動物たちの中の一匹の猫だったら、この生活にも意味があった、いや、むしろ、この問題（生活の無意味性）は生じなかっただろう。なぜなら、わたしがこの世界に属していることになるから」。自分たちの世界に属しているプーやプーの仲間たちをかれはどんなにせつない気持ちでうらやましがったことだろう！
しかし、カミュがプーに近づく場面もいくつかある。まずは、『クマのプーさん』の最初の方の、プーがウサギをたずねて行って、ウサギがはちみつやコンデンスミルクをプーにふるまうところだ。ウサギの家から帰ろうとしたプーがどうなるかはご存じだろう。

そこでプーは穴からそとに出ようとしました。からだを前足でひっぱったり、うしろ足でおしたりしました。やがて、はなが出ました……それから耳が……それから前足が……それから肩が……それから……
「わあ、たすけて！」プーは言いました。「もどったほうがいいみたいだ」「もう、ヤダ！」プーは言いました、「やっぱり前に行かなくちゃダメみたい」「だめ、前にもうしろにも行かれない」プーは言いました。「たすけて、もう、ヤダ！」

プー愛好家なら、「とてもきゅうくつなところにはまったクマ」の物語がこのあとどうなったかは覚えているはずだが、カミュがこれにつけたコメントには気づいていない人もいるだろう。「わたしが触れるもの、わたしに抵抗するもの……それがわたしの理解するものだ」。このようにプーが自分の本性の許すかぎり不条理に近づいているエピソードに解説をつけたというのはカミュらしいと言えるが、かれはまた、もっと楽しいできごとにも解説をつけている。それは、ほかの哲学者とのかかわりでもう検討してきたできごと、「フクロの家」のエピソードだ。このエピソードはついさっきも見たばかりだから、ここではコブタとプーの寛大さを称えたカミュのことばがどんなに適切なものであったかを言うだけでいいだろう。「未来へ向けての本当の寛大さは、現在にすべてを与えることにある」

プーの最後のことばと実存主義者たち

カミュの話で実存主義者たちに与えたプーの影響とかれらのプーへの反応の研究は終わりとしよう。実存主義者たちは人生のより冷酷な面をおおげさに強調してきたがそれは、バランスのとれたプーの世界に対する反動ということもあったし、また、ミルンが不安の概念も現実もよくわかっていたことを示す文章を一方的に詳述した結果でもある。

もし、ミルンが不安のことなど理解していなかったと言う人たちがいるとしたら、コブタが水にかこまれてしまう場面を思い出してもらいたい。

「これはちょっと〈しんぱい〉なことになった」とコブタはひとりごとを言いました。「〈とても〉〈ちいさな〉〈どうぶつが〉〈すっかり〉〈みずに〉〈かこまれちゃうなんて〉」（傍点大

文字）

ミルンは「しんぱい」を大文字で書き出すことでぼくたちにはっきりと合図を送ってくれていた。いや、それだけじゃない。コブタの言ったことばのほとんどぜんぶが大文字で書きはじめられている——これは、この状況ではハイデガーを思い起こさせる工夫だ。いや、ミルンはハイデガーにまかせきりにしているわけではない。コブタの状況がいかに絶望的であるかをちゃんと文字で書きあらわしてもいる。

クリストファー・ロビンとプーは木にのぼってにげられる、カンガはジャンプしてにげられる、ウサギは穴ににげこめる、フクロはとんでにげられる。イーヨーは……イーヨーは助けがくるまで大声を出していればにげられる。でも、ぼくは水にかこまれてどうすることもできない。

ハイデガーの言った本物の人生の本質、「死に向かう存在」をこれほど明確に描き出したものはあるだろうか？

もちろん、ここでミルンはさらなるはばのひろさと奥の深さを見せてくれている。コブタは

RESPASSERS

実存主義的な本物という意味でさし迫った破滅のふちに立たされただけじゃなく、そのふちを決然たる——そして賢明な——行動によってのりこえた。コブタは助けをもとめる手紙を書いて、それをビンに入れて流した。そして、次の場面では、コブタのメッセージ（ミッセージ）を受け取ったプーとクリストファー・ロビンが行動にうつる。ここに見るプーの世界は社会的結束のある世界であり、相互協力にいたる個人的友情の世界だ。

実存主義者たちは、極端に個人主義で、人生における社会的要素を無視しているという理由でこれまで批判されることが多かった。これは公平な判断とは言えない。が、かれらも、もし、この洪水のエピソードからえられる教えを完全に吸収していれば、こんな非難にさらされることもなかっただろう。というのも、もしちゃんと学びとっていれば、個人的「不安」の自覚と社会の肯定的価値の自覚とを結びつける方法がわかったはずだからだ。

実存主義者たちの多くは奥の深い刺激的な思想家なのだが、それでもかれらは「ものすごく頭のいいクマのプー」のごく一部分を理解することしかできなかった。

●

おまけのしっぽ
（イーヨーのではない）

前の章の最後のことばを実存主義者たちを特に批判するための工夫とうけとってもらっては困る。これで、プーの世界にある哲学の、入門者むけの簡単な紹介はおしまいだが、ここまで読んでくれれば、実存主義者たち以外の哲学者や哲学者グループだって、せいぜいプーの世界のごく一部分に思考の鍬を入れることしかできなかった、とはっきりしたはずだ。初期のギリシア宇宙論者から、今世紀の前半を支配したさまざまな学派にいたるまでのすべてがこの「偉大なるクマ」に含まれていることをぼくたちは見てきたのだ。

その中でぼくが省略したのはどれか？　禁欲主義・快楽主義から一七世紀の合理主義までにいたるあの広大な分野はどうだ？　プロティノス、ヒッポの聖アウグスティヌス、スコトゥス・エリウゲナ、アベラール、アクィナス、ドゥンス・スコトゥス、オッカムのウィリアムはどうだ？　さらに下って、まだ健在の哲学者たちはどうだ？——ティモシー・スプリッジの絶対的観念論からパトリシア・スミス・チャーチランドの物理学主義にいたるまでの中には、フィリッパ・フット、エリザベス・アンスコム、バーナード・ウィリアムズとスチュアート・ハンプシャー、ダニエル・デネットとマイケル・ロックウッド、ジョナサン・バーンズ、ヒラリー・パトナムとW・H・ニュートン＝スミス、ジョン・サールとジョン・ロールズ、テッド・ホンダリック、ウィラード・ヴァン・オーマン・クワインとアントニー・ケニーも含まれる――といっても、これはごく一部の哲学者をあげただけだが。

こうした反論には大いに賛同するが、それではこの小さな本が語りかけているのは一般の読者であるから、少なくとも広く名前が知れわたっている哲学者しか扱えないという事実を無視していることになる。つまり、P・G・ウッドハウスの読者なら、かれの小説に出てくる名執事ジーヴズがスピノザに心酔していて、ニーチェを「根本的に不健全だ」と非難していることも知っているはずだ。暗黒時代と中世の偉大なる哲学者たちのことも同等に認めろと主張する人はまずいないだろう。

同時代の哲学者にかんしても同じだ。かれらがミルンの作品につけた解説や説明を、もしプロの哲学者相手に話すなら、くわしい分析が必要となる。だからぼくが言いたいことはたった一つ、この本をちらっとでも見た人みんなに、プーの世界を新たに、そしてもっと鋭く研究しなおしたいと思ってほしい、ということだけだ。そうすれば、ためになることは請け合う。

ほかの人も同じだ。『クマのプーさん』が出版されてから、この本の学究的重要性が認識されるまでに経過した時の長さを考えると悲しくなる。

ぼくたちの期待どおり、プーは自分で自分の本の価値をただしく評価している。プーは自分の知性の名声がそのうち上がるということを、「プー棒なげ」を発明したときに早くも予見していた。ウサギにもこのことがわかっていたから、こう言ったんだ。「かれら（従来のクマ学研究者たち）はいつだってきみより考えつくのに時間がかかるんだ」

このことを洞察したのがウサギであることにはびっくりさせられるが、その少しあとでイーヨーが言ったように、「ウサギでも時間をやればいつだってこたえをえられる」のだ。ウサギにできるなら、ぼくたちにもできるはずだ。

訳者あとがき

『クマのプーさんの哲学』（*Pooh and the Philosophers*）は一九九五年にイギリスで出版されると同時にベストセラーとなり、瞬く間に版を重ねた。更に、ポーランド、デンマーク、台湾などの国々で翻訳出版され、日本での出版は十二カ国めとなる。この本がとてもイギリス的なので、アメリカでの出版が滞っていたのだろうが、つい最近ダットン社より刊行されたという。

著者、ジョン・タイアマン・ウィリアムズ（John Tyerman Williams）はオックスフォード大学から博士号を授与された、演劇及びイギリスの文学と歴史の研究者だが、彼には、十四歳のときに映画『エミールと探偵たち』のエミール役を演じた経歴もある。そしてまた彼は、プーを西洋哲学を論じる「偉大なるクマ」に仕立て上げた魔術師でもある。

「クマのプーさん」と言えば、愛すべき愚か者の代名詞のはずだが、そのプーが様々な思想や哲学と関係していると言われるようになったのは、そう最近のことではない。それでもプーがここまで徹底した哲学者であったと誰に想像できただろう。著者ウィリアムズは、プーとプーの世界に登場する仲間たちの言動に次々と哲学的意味を見出していった。例えば、プーがイーヨーにプレゼントするつもりのはちみつを途中で全部平らげてしまい、空っぽの「つぼ」だけをプレゼントしたという有名なエピソードがある。従来のプーの読者なら、これを純真なクマの率直で愚かで愛らしい行為と受け取るはずだ（った）。ところがウィリアムズはこの話に三つの意味を持たせた。

第一に、地球球体説に至る第一段階である地球筒形説の教えだ。プーほど発達した知能を持たないイーヨーには、球体説以前に、まず筒形説を教えるべきである、それには筒形をした「つぼ」だけを渡すのが適当である、というわけなのだ。ちなみに、本書では「はちみつ」は物事の「真理」を意味するものとなっているので、その「はちみつ」がイーヨーの手元に届かなかったというのにも深い意味が含まれてくることになる。（第二章）

第二に、この「つぼ」をプーが繰り返し「便利なつぼ」だと言っているところから、これをJ・S・ミルの「功利」に結びつけ、更に、ミルの功利主義的倫理観である「最大多数の最大幸福」にまで話を進めている。つまり、もしプーがはちみつを食べるのを我慢していたとしたら、それはプーにとっては喜びを奪われたことになり、イーヨーにとっても喜びが与えられたことにはならなかった、ということになるのだ。（第五章）

第三に、この「つぼ」のエピソードはカントの道徳律に対する批判にもなっている。カントによれば、「同時に普遍的法則となることを君が欲することができるような格率、そうした格率だけに従って行為せよ」。プーの大好物のはちみつを、いくらプーが喜んでプレゼントしたからといって、イーヨーが喜んで受け取るとは考えられない。つまり、人にプレゼントする場合は普遍的な道徳法則になど従うべきではない、ということになるのだ。（第六章）

このように、一つのエピソードに複数の哲学を見出すのが本書の大きな特徴の一つになっている。
もう一つ、大きな特徴として挙げられるのは、哲学を体現しているのがプーだけではなく、プーの世界に登場する仲間たち全員である、という点だ。例えば、イーヨーの不平がプラトンのイデア説に基づくものであるとか（第二章）、トラーの朝食さがしが経験主義に基づいた実験であるとか（第四章）、ルーの麦芽エキスのねばねばがサルトルを触発して『嘔吐』を書かせた（第七章）など。本書をお読み頂ければ分かるだろうが、ウィリアムズの恐ろしく鋭い洞察力によって、プーとプーの仲間たちの存在様式は従来のものとはかなり趣を変えてしまっている。

これは無垢なプーの世界を打ち砕く、傲慢で残酷なこじつけではないだろうか、と正当なプーのファンなら少なからず憤りを感じるだろう。ところが、プー＝哲学者を押し通すウィリアムズの説明は魅力的で、いつの間にか彼の造り上げた「偉大なるクマ」のプーの世界に引き込まれ、新たなるプーさん像のとりこになってしまう。この魅力のもとは何なのだろう？　それは、大いなるパロディを、しかめっ面を崩さずにまじめに論じ続けるイギリス的ユーモアのセンスにほかならないような気がする。

ユーモアと言えば、『クマのプーさん』と『プー横町にたった家』の作者、A・A・ミルンは児童作家であるまえに、偉大なるユーモア作家だった。彼の書いた戯曲やエッセイはユーモアなしには成立しないものばかりだ。また、ミルンは先年廃刊の憂き目を見た風刺雑誌『パンチ』の編集を務めたこともあった。ユーモアから生まれたプーを新たなユーモアで解釈したとなると、これはまじめで正当な解釈なのかもしれない、とも思えてくる。

本書の翻訳にあたって、プーの世界の住人たちの日本語名は、日本では不動のものとなっている石井桃子さんの訳を使用させて頂いた。そのほかの日本語訳に関しては、ミルンの原文の味わいを残しつつ、哲学者としてのプーの姿を浮上させるために、新たな訳を試みることにした。一例を挙げると、"boff"ということばが出てくる。これは、「大笑いを引き起こす」とか、「(イギリス学生語の)屁をする」という意味ではなく、「はねっかえりのトラー」がイーヨーを川の中へ突き落としたときの弁明に使ったことばだから、これを"bounce"(はねとばす)+"cough"(せきをする)と分析して、「せきとばす」という新語を造ってみた。

翻訳のうえで頭を悩ませたものに、ミルンとウィリアムズによることば遊びのダブル攻撃のほかに、当然のことながら、難解な哲学の問題があった。百科事典や哲学事典を首っぴきで調べてもどうにも解決できない哲学用語などは、西洋哲学がご専門の早稲田大学専任講師、鹿島徹氏に教えて頂いた。この場をお借りして、お礼を申し上げたい。それでもまだ不鮮明なことばが残っているとしたら、すべて訳者の責任だが、読者のユーモア感覚で「せきとばして」頂ければ幸いである。また、義父子共訳の場を与えて下さった上に、数々の助言を下さった河出書房新社編集部の田中優子さんに、心より感謝したい。

小田島　雄志
小田島　則子

著者紹介
ジョン・T・ウィリアムズ（John Tyerman Williams）
俳優として活躍したのち、オックスフォード大学に戻り、哲学の博士号を取得した。長年、演劇、英文学、イギリス史の講義を行う。俳優としてのデビューは、14歳のときの映画『エミールと刑事たち』のエミール役。ほかの著書に『クマのプーさんの魔法の知恵』『クマのプーさん心のなぞなぞ』など。2016年没。

訳者紹介
小田島雄志（おだしま・ゆうし）
1930年生まれ。東京大学名誉教授。おもな著書に『シェイクスピアより愛をこめて』『珈琲店のシェイクスピア』など。訳書に、A・A・ミルン『クマのプーさんとぼく』、『シェイクスピア全集』ほか多数。

小田島則子（おだしま・のりこ）
翻訳家。おもな訳書に、S・ハリソン『くまのプーさん、世界一有名なテディ・ベアのはなし』など。小田島恒志との共訳書に、T・パーソンズ『ビューティフル・ボーイ』、C・ライト『エミリーへの手紙』、J・ファーンドン『オックスフォード＆ケンブリッジ大学　世界一「考えさせられる」入試問題』など。

Grateful acknowledgement is made to the Trustees of the Pooh Properties for the use of the quoted material and illustrations by E. H. Shepard
Japanese translation rights arranged with The Trustees of the Pooh Properties
c/o Curtis Brown Group Limited, London and Estate of John Tyerman Williams
c/o A M Heath Literary Agency, London
through Tuttle-Mori Agency, Inc., Tokyo

クマのプーさんの哲学

1996年 9 月30日　初版発行
2013年10月30日　新装版発行
2024年10月30日　新装版初版発行
2025年 4 月30日　新装版 2 刷発行

著者　ジョン・T・ウィリアムズ
訳者　小田島雄志・小田島則子
装幀　田中久子
発行者　小野寺優

発行所　株式会社河出書房新社
〒162-8544 東京都新宿区東五軒町2-13
電話　03-3404-1201〔営業〕
03-3404-8611〔編集〕
https://www.kawade.co.jp/

印刷　中央精版印刷株式会社
製本　小泉製本株式会社

Printed in Japan
ISBN978-4-309-23164-8